信息型团队

断裂、整合能力及创造力的关系研究

屈晓倩 ◎ 著

吉林大学出版社

·长春·

图书在版编目（CIP）数据

信息型团队断裂、整合能力及创造力的关系研究 / 屈晓倩著. -- 长春：吉林大学出版社，2020.9
ISBN 978-7-5692-7070-9

Ⅰ.①信… Ⅱ.①屈… Ⅲ.①团队管理－信息加工－研究 Ⅳ.①C936

中国版本图书馆CIP数据核字(2020)第173245号

书　　名：信息型团队断裂、整合能力及创造力的关系研究
XINXIXING TUANDUI DUANLIE、ZHENGHE NENGLI JI CHUANGZAOLI DE GUANXI YANJIU

作　　者：屈晓倩 著
策划编辑：李伟华
责任编辑：张文涛
责任校对：单海霞
装帧设计：中北传媒
出版发行：吉林大学出版社
社　　址：长春市人民大街4059号
邮政编码：130021
发行电话：0431-89580028/29/21
网　　址：http://www.jlup.com.cn
电子邮箱：jdcbs@jlu.edu.cn
印　　刷：天津雅泽印刷有限公司
开　　本：787mm×1092mm　1/16
印　　张：15.5
字　　数：250千字
版　　次：2021年1月　第1版
印　　次：2021年1月　第1次
书　　号：ISBN 978-7-5692-7070-9
定　　价：62.00元

版权所有　翻印必究

前言

知识经济时代，在"创新驱动发展"国家战略指引下，创造力与创新受到了政府、企业与学术界的高度重视。企业对创造力和创新的迫切需求使得兼具"跨职能、跨学科、跨文化"特征的知识型团队成为打造组织核心竞争优势的基本单元。然而，上述特征也使团队中极易出现信息型断裂，从而抑制团队整合内外部碎片式、专业化知识的能力，并进而导致团队创造力的下降。团队整合能力包含外部知识获取与内部知识整合，本质上反映了对任务相关信息的深层次加工。因此，信息型断裂能否通过丰富认知资源与结构优势促进团队整合能力并进一步提升团队创造力，将受到团队信息加工动机——认知动机及亲社会动机水平的重要影响。目前，尚未有研究从整合能力以及团队动机视角探讨信息型断裂影响团队创造力的作用机理。因此，探析团队整合能力和团队信息加工动机在信息型断裂与团队创造力关系中的中介与调节作用，具有重要的理论与现实意义。

本书在投入—中介—产出（IMO）团队效能研究框架下，整合了分类-加工模型和动机性信息加工理论，构建了信息型断裂、团队整合能力（外部知识获取和内部知识整合）和团队信息加工动机（团队认知动机及亲社会动机）对团队创造力作用的理论模型，分析了团队信息加工动机在"信息型断裂—团队整合能力"以及"信息型断裂—团队创造力"作用关系中的调节作用；检验了团队整合能力对团队创造力的影响机制,并发掘了团队整合能力在团队信息加工动机对"信息型断裂—团队创造力"作用关系所起调节效应中的中介作用。通过综合运用多元回归分析、被中介的调节效应以及斜率差值比较法等分析方法对理论模型进行实证检验,18 条研究假设中的 15 条得到验证,所有研究假设均得到了充分的分析与探讨。研究结论丰富了团队断裂与创造力领域的理论成果,同时对多元化团队创新管理实践具有重要指导意义。

本研究的创新性工作主要有以下四点:

(1) 构建并验证了信息型断裂、团队整合能力和团队信息加工动机对团队创造力作用的理论模型。本研究采用中介、调节机制交叉融合的研究方法,首次从团队信息加工动机及团队整合能力相结合的视角探索并回答了"信息型断裂何时以及如何影响团队创造力"这一重要的理论和实践问题,有效弥合了当前信息型断裂与团队创造力关系研究不足的现状,对深化团队断裂和创造力相关领域发展以及多元化团队创新管理实践具有重要的推动和指导意义。利用 124 个来自高科技、电力设计行业以及银行业的知识型团队样本展开的实证分析表明,本研究构建的信息型断裂、团队整合能力和团队信息加工动机对团队创造力作用的理论模型得到了整体支持。

(2) 揭示了团队认知动机和团队亲社会动机在"信息型断裂—团队整合能力"以及"信息型断裂—团队创造力"作用关系中的不同调节作用规律。当前信息型断裂调节机制研究主要探讨了领导行为、团队认同、任务及目标特征等因素的调节作用,却忽视了能够直接改善子团队间偏见并对出现信息型断裂的团队中信息加工方式产生本质影响的情境因素——团队信息加工动机的边界作用。通过首次将动机性信息加工理论与团队断裂调节机制研究相结合,本研究发现:团队认知动机能够显著调节"信息型断裂—外部知识获取"以及"信息型断裂—团队创造力"这两组作用关系;团队亲社会动机则能够显著调节"信息型断裂—外部知识获取""信息型断裂—内部知识整合"以及"信息型断裂—团队创造力"这三组作用关系。这一结论从团队动机视角丰富了信息型断裂的调节机制研究,并深化了对团队层面认知动机和亲社会动机作用机理的认识。

(3) 发现了团队认知动机与亲社会动机的交互项在"信息型断裂—内部知识整合"以及"信息型断裂—团队创造力"这两组关系中的积极调节效应。依据动机性信息加工理论,当团队同时具有高亲社会动机与高认知动机时,将最大程度地促进信息深层次加工。本研究首次引入三项交互调节方法和斜率差值比较法,分析并明确了何种团队认知动机与亲社会动机水平组合能够最大化促进信息型断裂对团队整合能力以及团队创造力的积极影响。实证结果发现:在团队同时具有高认知动机和高亲社会动机时,信息型断裂能够最大程度地促进内部知识整合以及团队创造力。这一结论进一步深化和细化了信息型断裂调节机制研究,并验证了团队认知动机在"信息型断裂—内部知识整合"作用关系中所起调节作用的情境依赖性。

(4) 揭示了团队整合能力在团队信息加工动机对"信息型断裂—团队创造力"作用关系所起的调节效应中的中介作用。当前信息型断裂中介机制研究不但十分匮乏,而且严重忽视了对能够实现信息型断裂积极效应的信息加工核心过程——知识与信息整合的关注和探讨。此外,当前研究普遍将团队视为闭合系统,极大地忽视了团队外部过程在信息型断裂与团队产出之间的重要转化作用。通过首次将信息加工视角与内外部研究视角相结合,本研究探索了团队整合能力的中介作用,发现:在团队认知动机调节作用下,信息型断裂将通过外部知识获取以及"外部知识获取—内部知识整合"两条中介路径影响团队创造力;在团队亲社会动机调节作用下,信息型断裂将通过外部知识获取、内部知识整合以及"外部知识获取—内部知识整合"三条中介路径影响团队创造力。这一研究结论深化了对信息型断裂与团队创造力之间复杂路径机制的认识和理解,丰富和拓展了信息型断裂中介机制研究。

知识经济时代,随着知识型团队的多元化构成发展以及企业对于创造力与创新的迫切需求，如何高效管理出现信息型断裂的多元化团队成为企业管理层面临的重要挑战。本书通过对124个知识型团队的实证分析，所得结论对多元化团队创新管理实践具有以下三点重要启示。

第一，针对信息型断裂对团队整合能力和创造力的"双刃剑"效应构建高水平团队认知动机和亲社会动机，以充分激发信息型断裂对团队内外部知识整合能力以及团队创造力的积极效应并抑制其消极影响，对出现信息型断裂的多元化团队进行高效的创新管理。团队动机的营造和构建可通过特定情境因素的"社会化"方法（Socialization）以及通过选择具有较高个体动机水平的成员（Selection）等两种方法来实现。而且，在营造团队动机氛围时，要注重发挥管理者和关键员工的作用。

第二，采取有效措施促进团队整合能力发展。本研究发现，团队整合内外部碎片式、专业化知识与信息的能力能够有效提升团队创造力。因此，在工作团队中，管理者要随时监督和观察团队整合能力水平。同时，企业可构建开放式创新平台（如海尔搭建的线上开放创新平台"HOPE"，Haier Open Partnership Ecosystem），使全球资源在平台上实现零距离交互，为研发团队高效吸收并整合外部新知识、新技术和创新能力以促进自身创新发展提供结构性支持（Structure Support）。

第三，在满足特定情境条件下促进信息型断裂的形成。依据本书的实证结果，在团队具有较高认知动机和/或亲社会动机等积极团队氛围时，团队管理者可以通过将具有相似教育、职能背景和工作年限的员工安排进同一团队，促进信息型断裂的产生。值得注意的是，该措施并非意味着降低团队多样性程度以及一味提升信息型断裂强度，而是在保证团队多样性构成且在团队具有较高认知动机和亲社会动机氛围的条件下，适度提升团队内部形成子团队的几率，这样有助于团队整合能力的发展以及团队创新想法的产生。

在大众创业创新背景下，本书将为高校工商管理、人力资源管理和组织行为学等相关领域的教师提供重要的和创新性的学术思路和启发，同时为企业中层管理者对团队进行创新管理提供新的思路和建议。

目录
CONTENTS

第一章 绪论

第一节 现实背景 ··· 004
 一、信息型断裂对团队创造力具有"双刃剑"效应 ······················ 004
 二、团队整合能力低下桎梏了企业创新与创造力 ······················ 006
 三、团队动机不足阻碍了多元化认知资源价值的实现 ··············· 007

第二节 理论背景 ··· 009
 一、信息型断裂与团队创造力之间关系研究极为匮乏，且结论不一致 ····· 009
 二、中介机制研究缺乏信息加工过程与内外部视角的整合 ············· 011
 三、调节机制研究忽视了团队动机的边界作用 ························· 013

第三节 研究问题提出与关键术语界定 ··· 015
 一、问题提出 ··· 015
 二、关键术语界定 ·· 016

第四节 研究内容与研究思路 ··· 019
 一、研究内容 ··· 019
 二、研究框架 ··· 020

第二章 理论基础和文献综述

第一节 相关理论综述 …………………………………………………… 026

 一、团队断裂 ………………………………………………………… 026

 二、团队创造力 ……………………………………………………… 030

 三、团队整合能力 …………………………………………………… 032

 四、团队认知动机与亲社会动机 …………………………………… 038

第二节 信息型断裂与产出关系的研究综述 …………………………… 043

 一、信息型断裂与产出之间的直接关系研究 ……………………… 048

 二、信息型断裂与产出之间的间接关系研究 ……………………… 051

第三节 文献述评 ………………………………………………………… 054

第四节 本章小结 ………………………………………………………… 057

第三章 理论模型及研究假设

第一节 理论模型提出 …………………………………………………… 062

 一、团队整合能力是信息型断裂向团队创造力转化的重要途径 … 063

 二、团队动机是信息型断裂向团队创造力转化的关键情境因素 … 066

 三、理论模型的构建 ………………………………………………… 069

第二节 假设提出 ………………………………………………………… 072

 一、信息型断裂、团队整合能力及团队创造力 …………………… 072

 二、团队认知动机的调节作用 ……………………………………… 075

 三、团队亲社会动机的调节作用 …………………………………… 078

 四、团队认知动机与亲社会动机交互的调节作用 ………………… 083

 五、团队整合能力（外部知识获取和内部知识整合）与团队创造 … 087

 六、团队整合能力（外部知识获取和内部知识整合）的中介作用 … 089

第三节　本章小节 …………………………………………………… 093

第四章　研究方法

第一节　数据收集 …………………………………………………… 098
　一、研究背景 ……………………………………………………… 098
　二、问卷设计 ……………………………………………………… 099
　三、调研对象 ……………………………………………………… 099
　四、调研过程 ……………………………………………………… 100
　五、样本描述 ……………………………………………………… 103
　六、样本可靠性检验 ……………………………………………… 103
第二节　变量测量 …………………………………………………… 105
第三节　统计分析方法 ……………………………………………… 111
　一、多元回归分析 ………………………………………………… 111
　二、调节效应分析方法 …………………………………………… 112
　三、中介效应分析方法 …………………………………………… 115
　四、被中介的调节效应分析方法 ………………………………… 120
第四节　本章小结 …………………………………………………… 124

第五章　实证分析与结果

第一节　信度与效度检验 …………………………………………… 128
　一、信度分析 ……………………………………………………… 128
　二、效度分析 ……………………………………………………… 131
第二节　个体层面数据聚合为团队层面数据的检验 ……………… 136
第三节　统计分析结果 ……………………………………………… 141
　一、描述性统计分析结果 ………………………………………… 141

二、多重共线性 …………………………………………………… 143
　　三、回归分析结果 ………………………………………………… 143
　　四、间接效应及被中介的调节效应检验 ………………………… 150
　　五、简单斜率检验以及斜率差值比较 …………………………… 162
第四节　本章小结 ……………………………………………………… 172

第六章　结果讨论

第一节　实证结果讨论 ………………………………………………… 178
　　一、信息型断裂的"双刃剑"效应 ……………………………… 178
　　二、团队认知动机及团队亲社会动机的调节作用 ……………… 180
　　三、团队认知动机和亲社会动机交互的调节效应 ……………… 184
　　四、团队整合能力对团队创造力的影响 ………………………… 187
　　五、团队整合能力的中介作用 …………………………………… 188
第二节　研究结果的理论意义 ………………………………………… 191
第三节　研究结果的实践意义 ………………………………………… 196

第七章　结论及展望

第一节　主要研究结论 ………………………………………………… 205
第二节　本文的创新点 ………………………………………………… 207
第三节　研究不足及展望 ……………………………………………… 209
参考文献 ………………………………………………………………… 211

第一章

绪 论

在知识经济时代，创造力与创新已经成为组织竞争优势的重要来源。只有不断创造有价值的新想法和新点子以促进创新，组织才能在竞争激烈的全球化市场中谋求生存与发展（Zhou和Hoever，2014；Chen和Adamson，2015）。因此，在"创新驱动发展"国家战略指引下，创造力与创新受到了政府、企业与学术界的高度重视。知识与信息是创造力的重要源泉（Nonaka，1994）。但是，由于社会分工的持续深化和技术更新的日新月异，知识和信息的创造和占有已经空前分散化，使得以"跨职能、跨学科、跨文化"为基本特征的多样化知识型团队成为当下企业创新的重要组织形式（Hoever等，2012；Harvey和Sarah，2014）。由于跨职能、跨学科、跨文化等特征，团队内部极易依据成员间任务关联度高的多重属性特征（如工作经历、教育背景等）的联合效应形成信息型团队断裂（以下称信息型断裂），并导致若干相对同质而彼此异质的知识子团队的产生（Lau和Murnighan，1998；Bezrukova等，2009；谢小云和张倩，2011；王端旭和薛会娟，2009），如企业中的"海龟""土鳖"群体以及高校科研团队的"校友圈"等现象（万辉，2004；王端旭，薛会娟和张东锋，2009）。尽管多样性团队具有了非冗余、异质性的知识资源，成员的个体能力极强，但是表现出来的并不总是团队创造力的提升，甚至出现了"一个中国人是条龙，三个中国人是条虫"的怪象。"为什么有些出现信息型断裂的团队表现出较高的创造力，而有些却差强人意？哪些环境及权变因素能够激发信息型断裂积极效应并抑制其负面影响？"等问题就成为学者和管理者关注的焦点问题之一。

第一节　现实背景

一、信息型断裂对团队创造力具有"双刃剑"效应

在竞争日益激烈的全球化市场中，工作团队以其出色的灵活性（Flexibility）及灵敏性（Responsiveness）成为组织开展工作的基本单元。因此，团队创造力成为组织创新能力的基石与核心驱动力（Zhou 和 Hoever，2014）。当前，80%的世界500强企业通过多元化工作团队完成复杂、非常规及创造性需求高的工作和任务（Gratton，Voigt 和 Ericson，2007；Jia 等，2014）。如英国广播公司（BBC）大型赛事的报道工作采用的是多元化工作团队的形式，包含了来自多个专业和职能部门以及具有不同工作经历的员工。管理者希望拥有有多领域、专业化知识和技能的团队能够有效应对各种突发状况并提供创造性解决方式（Gratton，Voigt 和 Ericson，2007）。然而，多样性一定能够提升创造力吗？Gratton 等（2007）给出的答案是否定的。通过深入分析团队人口统计属性构成，学者发现团队断裂的产生是造成多元化团队创造力水平低下的根源。基于占有的知识、信息与技能的不同而形成的"小圈子"使得团队合作及知识共享主要发生在子团队内部（Intra-Subgroup）而非子团队之间（Inter-Subgroup），从而阻碍团队将不同学科和职能领域的知识和想法进行关联并形成新颖、有用想法的能力（Hoever 等，2012）。例如，当团队围绕工作年限（资深员工/新进员工）及职能（工程师/销售人员）形成不同子群时，成员就在团队内部被划分为不同"圈子"。其中，资

深工程师将其他具有相似工作年限和职能的成员视为"圈内人",而将具有不同工作年限及职能的新进销售员工视为"圈外人"。由于产品技术复杂性过高、信息共享难度较大,加之资深员工与新进员工之间的工作理念和工作方法之间的差异,使得子团队之间信任感下降并偏见滋生,导致资深工程师之间会共享产品开发的最新进展信息,但拒绝向新进销售员工共享产品研发的阶段性成果和关键信息。同时,资深工程师也无法从新进销售员工处获取当前市场动态和消费者需求信息,从而使团队最终产生脱离消费者需求的新颖(Novel)但无用(Useless)的产品创意。同样,企业或高校对海外归国人员与本土员工之间的差异化待遇(Differential Treatment,如职位与薪酬等差异)也极易引起本土员工对不公正氛围的感知,从而导致"海龟"与"土鳖"群体之间形成"我们"和"他们"的清晰认知,从而激发子团队间的冲突、竞争甚至敌视,严重降低团队信任感以及集体认同感,使"远缘杂交"对创新发展的潜在优势难以实现(王端旭等,2009;Chrobot – Mason 等,2009)。

然而,也有案例表明人以群分的"小圈子"并不总是抑制团队创造力。首先,信息型断裂的形成基于信息多样性(Variety),为团队创造力提供异质性、非冗余知识资源(Harrison 和 Klein,2007)。其次,苏格兰皇家银行(Royal Bank of Scotland)管理咨询专家发现,团队内部围绕职能、任期及专业背景而形成的子群能够对团队创造力产生积极影响。基于知识差异而形成的子群为团队提供了知识"地图"(Knowledge Map),使成员能够清楚识别出当遇到任务相关问题时应该向哪些可能拥有该领域知识的成员寻求帮助,由此促进不同知识领域之间的交叉融合并激发团队以打破常规的方式完成工作或解决问题。而且,信息型断裂的产生也能够有效抑制共事时间过长的跨职能团队中过高凝聚力(Cohesion)的形成。而过高凝聚力对团队产生突破式新想法能力具有极大削弱作用。显然,信息型断裂对团队创造力的影响具有"双刃剑"效应(Double – Edged Sword Effect),但该影响尚未得到清晰的理解与阐释。如何管理和激励出现非正式知识联盟的多元化团队以促进团队创造力与创新发展成为管理者面临的升级挑战（Upgraded Challenge）与重要课题。

二、团队整合能力低下桎梏了企业创新与创造力

团队整合能力是团队将企业内外部分散式、专业化的知识、信息与技能进行高效吸收与整合的能力，对团队乃至企业创造力与创新发展具有重要推动作用（Gardner，Gino 和 Staats，2012）。当前，朗讯（Lucent）科技公司与思科（Cisco）公司是通信服务行业的两大巨头，也是彼此最大的竞争对手。相比朗讯，思科缺乏贝尔实验室（Bell）这种强大的研发后盾，但仍然能够在市场表现中击败对手，赢得更高的市场占有率。索耶（Sawyer，2009）在《天才团队：如何激发团队创造力》一书中提出，思科的成功在于构建了多元化的研发团队，其创新活动充分整合了企业内外部的先进知识、信息和技术资源。通过在全球范围内寻求合作伙伴，获取新想法、新知识与新资讯，以及将企业内部各个职能部门和工作团队所拥有的专业化知识资源进行高效整合并将其快速转化、吸收并应用在新产品和新技术研发中，思科公司在竞争激烈的通信行业中增强了创新能力与核心竞争力。可以说，在开放式创新及"研发"向"联发"模式转变背景下，研发团队的高水平整合能力使思科公司在激烈的市场竞争中占据了先机。

在改革开放的大背景下，国家出台了各种各样的人才政策、人才项目（如"千人计划""百人计划"以及"青千计划"等）吸引海内外优秀人才。企业、高校以及研究机构纷纷抓住这一机遇引进了大量海内外优秀人才。但是目前来看，效果不够理想，水土不服的现象比比皆是，出现了"一个中国人是条龙，三个中国人是条虫"的怪象。究其原因，主要是多样性人才之间协同合作并高效整合有价值资源的能力极度匮乏。在缺乏动机和诱因以及过分强调竞争的氛围下，为了凸显自身所拥有的专业知识和技能的独特性（Uniqueness），成员之间很少主动分享有价值的、来自不同领域的知识、专长和技能。团队由于缺乏协同、合

作、整合团队以及企业内外部有价值知识资源的能力，产生了严重内耗，最终极大阻碍了企业创造力及创新能力发展。如希勒布兰德和比曼斯（Hillebrand 和 Biemans，2004）发现，营销与研发人员通过外部渠道获取行业最新知识与资讯的动力不足以及营销人员不愿向研发人员共享消费者需求和偏好等相关信息，最终导致了汽车裙边（Side Skirt）新产品开发项目的失败（Hillebrand 和 Biemans，2004）。然而，皮克斯动画工厂（Pixar Animation Studio）的动画制作团队却能够通过对艺术与技术（Art and Technology）领域的创造性整合（Creative Synthesis），将丰富认知资源转化为卓越创造力，凭借精彩创意和先进技术不断获得商业成功（Harveys，2014；Henderson，1994）。此外，在 1975—1990 年间，美国医药企业 25% 以上创新产出（如新药物的成功研制）来源于研发团队的高水平内外部知识整合能力（Henderson，1994）。由此可见，团队跨越自身边界整合内外部碎片化专业知识和信息的能力对团队和企业创造力及创新水平具有决定性作用。企业构建多元化团队的目的正是通过提升团队整合能力获得核心竞争优势，并最终促进企业创造力与创新，但显然成效与预期存在较大差距。如何激励团队跨越边界获取并吸收先进理念、前沿知识和技术并促进团队对现有知识的共享、整合与应用，以最终提升企业创造力与创新能力，成为多元化团队管理者面临的重要挑战。

三、团队动机不足阻碍了多元化认知资源价值的实现

如何激发团队动机一直以来是管理实践的重中之重。高水平动机为团队提供了清晰的优先（Priorized）发展方向和目标，能够激励员工主动发挥知识、经验与潜能，构建积极的团队互动关系，并最终为个体、团队、组织或其他利益相关者创造价值。然而，在出现多元化断裂的团队中，围绕任职年限及职能形成的不同"小圈子"导致信任的匮乏、偏见及刻板印象的滋生，严重阻碍了不同子团队之间共享知识与信息的动机和意愿，使多元化认知资源重要价值难以实现。当

前，如何有效弥补出现信息型断裂的团队中动机的匮乏，使具有不同知识结构、工作理念、信息技能和认知方式的员工愿意彼此协调配合，使来自不同领域的知识、信息、观点能够充分被共享和整合，成为多元化团队管理的核心，但同时也是企业领导者和团队管理者普遍忽视的方面。

积极团队动机的营造与建立为打造多元化断裂与创造力并存的高效知识型团队提供了重要方向。当今企业中利己主义盛行，在需要全体员工贡献集体智慧时，"精致的利己主义者"为个人而非集体牟利的思想极易滋生消极怠工和沉默行为，甚至对核心知识与信息的隐藏，阻碍多元化认知资源潜在价值的实现。对此，《哈佛商业评论》有文章提出（Burrell，2016），如果每个成员都具有奉献精神，将他人利益而非个人利益放在首位，团队将形成亲密的人际情感关系和亲和力氛围。此时成员将不畏惧冲突与矛盾，情感纽带和信任使他们更多关注冲突与争辩中所传递出的有价值信息而忽略人际或情感因素。此时，成员将不遗余力地为集体决策贡献独特观点和智慧，团队中的多元化认知资源得到充分的共享、整合与利用，从而有效促进创造力与创新发展（Davidson，2012）。此外，如果团队能够营造"打破砂锅问到底"的团队精神，全面提升团队对任务或问题形成深刻洞察和"求得甚解"的集体倾向和动机，也能够有效激发多元化知识与信息的价值实现。苹果公司正是通过减少时间压力等措施成功提升研发团队不断学习，发掘和利用新知识、新技术的氛围和动机，从而促进多个学科与职能领域有价值知识与信息的深度整合与利用，最终实现企业"多样性生物圈"（Diverse Biosphere）的巨大成功。由此可见，尽管团队动机并非正式的组织规章制度，但是积极动机氛围能够将一种良性情绪传递给成员，成为一种极具黏性的团队凝聚力，在无形中有效改善出现多元化断裂的团队中竞争、敌视甚至对立的人际关系，促进团队沟通、合作与知识共享并最终实现多元化认知资源对于创造力与创新的重要价值。

第二节 理论背景

自 1998 年劳（Lau）和穆尔尼汉（Murnighan）首次提出团队断裂构念，在 20 多年的发展中，团队断裂相关研究呈逐年递增态势。通过在 ABI/INFORM、EBSCOhost、Emerald、JSTOR、ProQuest、WileyInterScience、Web of Science、中国知网（CNKI）等数据库，以"faultlines"以及"团队断裂""群体断层""断裂带"为关键词进行搜索，截至 2018 年，共发现 94 篇相关性较高的文章，其中英文 80 篇，中文 14 篇，且半数以上的文章发表在顶级期刊中，如美国管理学术期刊（Academy of Management Journal，9 篇）、应用心理学（Journal of Applied Psychology，14 篇）等。当前，团队断裂研究已经取得了重大的理论突破，相关研究也呈现出逐年递增的态势。研究者对于团队断裂的成因、内涵及类别划分、团队断裂影响团队产出的中介和调节机制都做出了广泛的探讨和阐述，但当前的理论与实证研究仍存在以下不可忽视的缺陷与不足。

一、信息型断裂与团队创造力之间关系研究极为匮乏，且结论不一致

劳和穆尔尼汉（Lau 和 Murnighan，1998，2005）提出，基于性别、种族等属性特征形成的团队断裂将主要通过激发冲突、降低信任感及认同感而对团队满意度及凝聚力产生消极影响，但对创造力影响不显著。因此，当前团队断裂研究关注的团队产出多为团队绩效和/或团队满意度和凝聚力等情感产出。然而，从动态演化视角来看，教育经历、专业背景和工作理念等与任务相关性更高的因素

对团队创造力的影响更大，相较于社会分类型团队断裂，信息型断裂在完成创造力需求高的任务过程中更容易被激活并发挥作用（Bezrukowa 等，2009；Cooper，等，2014）。多元化团队能够为创造力的发展提供关键的多领域专业化知识与信息，但也极可能导致团队内部围绕占有知识的差异而形成信息型断裂。因此，信息型断裂与团队创造力成为"一个硬币的两面"，二者之间的关系探究具有极大的必要性和迫切性。然而，当前信息型断裂与团队创造力之间关系的实证与理论研究均极为滞后。随着团队创造力成为企业生存与发展的核心要素，这一研究现状既令人费解（perplexing）也造成了严重理论及实践问题（Nishii 和 Goncalo，2008）。据统计，仅有少数几篇国内外文献探究了团队断裂对团队创造力的影响，其中还有一部分是聚焦于社会类别型断裂或非人口统计属性断裂（如目标断裂）与团队创造力之间关系。当前，国内学者卫旭华，刘咏梅和岳柳青（2015）；林明，戚海峰和李兴森（2016）以及杨陈和唐明凤（2017）探讨了任务型断裂/信息认知型断裂与企业创新强度与突破式创新绩效的关系，但是关注焦点在于企业高管团队和高校科研团队而非普通工作团队，且结果变量为团队/企业创新绩效而非团队创造力。目前，仅有屈晓倩和刘新梅（2015；2016a；2016b）以及屈和刘（Qu 和 Liu，2017）利用研发团队样本，探讨了信息型断裂对团队/个体创造力的影响。此外，学者对信息型断裂对创造力与创新产生的作用和影响也未能得出一致性观点。如卫旭华等（2015）以及杨陈和唐明凤（2017）发现任务型断裂能够显著促进企业创新强度和科研团队创新绩效，但屈晓倩和刘新梅（2016b）以及林明等（2016）却发现信息型断裂对创造力/创新绩效影响不显著。屈晓倩和刘新梅（2015）还发现信息型断裂显著抑制个体突破式创造力。由此可见，信息型断裂对团队创造力的影响研究是一个理论研究严重不足、实证经验非常匮乏的领域，二者之间关系可能具有高度的情境和路径依赖性。对信息型断裂与团队创造力之间关系展开深入、系统的研究成为促进团队断裂理论研究及多元化团队创新管理实践深化发展的重要前提。

二、中介机制研究缺乏信息加工过程与内外部视角的整合

团队断裂作为团队构成投入，往往能够通过更直接（Proximal）的团队过程和/或涌现状态等中介机制影响团队效能产出（Mathieu 等，2008）。信息型断裂的中介机制研究虽然已普遍开展，但不论从文献数量还是理论深度来看都仍显匮乏和不足。当前，信息型断裂的中介作用机理方面的探索与研究主要存在以下两点不足。

（一）对信息加工过程缺乏足够关注

当前，关于团队断裂影响团队产出中介机制的探究大多是延续 Lau 及 Murnighan（1998）在其文献中所提出的社会分类及冲突视角，认为子团队的形成首先引发团队冲突，因此，任务冲突、情感冲突和过程冲突以及地位冲突（Status Conflict）是团队断裂作用于团队产出的重要中介机制（Thatcher 等，2003；Li 和 Hambrick，2005；Lau 和 Murnighan，2005；Molleman，2005；Pearsall, Ellis 和 Evans，2008；Jehn 和 Bezrukova，2010；Choi 和 Sy，2010；Spoelm 和 Ellis，2017）。然而，分类-加工模型提出，信息加工过程而非团队冲突或异议（Dissent）是实现团队断裂所带来的多元化认知资源以及子团队结构优势的关键过程与基础前提。对任务相关信息的深度加工和处理能够显著促进团队多元化认知资源的整合与利用，从而提升团队决策质量、创造力及创新能力。当前，学者从信息加工的视角，探究了隐性知识转移（陈扬、唐明凤，2017）、任务相关信息共享（Jiang 等，2012）、信息精细化加工（Homan 等，2007，2008；Rico 等，2012）以及团队反思（屈晓倩和刘新梅，2016）在团队断裂与产出之间的中介作用。其中，只有少数几篇文献是聚焦于信息型断裂的中介机制研究（Jiang 等，2012；屈晓倩和刘新梅，2016；陈扬和唐明凤，2017）。可以看到，当前基于信息加工视角的团队断裂中介机制研究不但数量少，而且研究视角较为狭窄，多聚焦于信息精细化加工（Information Elaboration）而忽视了其他能够反映团队深层

次信息加工的过程机制。埃利斯（Ellis）等学者（2013）提出，信息精细化加工是一个内涵丰富，包含了对任务相关知识和信息的获取、共享、交换、整合与利用的复杂系统性构念。依据团队信息加工模型（Group Information Processing Model）可知，知识与信息整合是团队信息加工的核心过程。然而，当前还没有学者关注团队知识与信息整合过程在信息型团队断裂与团队产出之间的重要中介作用。

（二）普遍忽视了团队内外部过程的整合影响

现有团队断裂中介机制研究普遍将团队视为一种闭合式系统（Close System），仅仅关注团队内部成员之间的互动及沟通，忽视了焦点团队与外部利益相关者（如组织内其他团队、部门、供应商、顾客甚至竞争者）之间的交互过程（Interplay）（Cooper等，2014）。如学者在开展信息型断裂中介机制研究时，主要探讨团队成员之间的人际互动过程（如冲突）以及对团队内部知识与信息的加工和处理在信息型断裂与产出之间的中介作用，忽视了外部知识活动的中介作用及其对团队内部过程的影响。团队效能理论指出，工作团队的高效运作取决于团队内外部过程的共同影响，团队外部过程也是将团队构成转化为高效团队产出的重要过程机制。在知识型团队中，将个体成员所持有的专业化系统性知识、信息与技能在团队内部进行高效整合与利用对团队创造力的提升具有重要作用。然而，在消费市场变幻莫测、科技发展日新月异、企业从"研发"向"联发"模式转变的当今（刘松博等，2014），如果团队不能及时、高效地通过外部知识网络连接展开外部学习行为以获取最新市场信息以及前沿科技与技术进展，也将导致团队有关产品、服务、过程及流程的新想法的新颖性及有用性被极大削弱。因此，无论忽略团队内部知识整合过程还是外部知识获取过程，都将导致无法对信息型断裂与团队创造力之间的复杂中介过程机制形成准确、全面及深入的认识和理解。由此可见，通过整合信息加工与内外部研究视角探索团队内外部知识与信息整合过程在信息型断裂与团队创造力之间的中介作用，能够有效弥合当前信息型断裂中介机制研究的不足，深化对信息型断裂复杂作用机制的认识和理解。

三、调节机制研究忽视了团队动机的边界作用

团队断裂的复杂作用机制使得其对于团队产出的影响仍无定论（Thatcher，2011）。有研究发现，团队断裂能够激发团队冲突、降低团队满意度及团队绩效，但也有研究发现团队断裂对团队绩效和满意度的积极影响，有或者二者之间并不存在显著关系（Thatcher 和 Patel，2011，2012）。因此，主效应研究已经不能完全解释团队断裂对团队产出的影响。有学者提出团队断裂研究应弱化主效应研究，将研究焦点转向对能够有效激发团队断裂积极效应（如促进信息加工）并同时抑制子团队间偏见等消极影响的情境变量的探索与发掘（Guillaume 等，2017）。当前，部分学者已经探索了团队认同、团队设计（如任务及目标特征）、团队领导、多样性信念等情境因素对信息型断裂与团队过程和/或产出之间关系所起到的调节作用（Homan 等，2007；Rico 等，2007，2012；Bezrukova 等，2009；陈帅，2016；）。但最新团队多样性/断裂调节机制综述研究（Guillaume 等，2017）认为，团队断裂调节机制研究仍然存在许多不足，其中最为严重的问题在于忽视了对团队动机的探讨（Guillaume，2017）。有学者指出，多元化认知资源的优势仅在团队具有应用这些多样性知识、信息与技能的动机时才能够实现（Guillaume 等，2017）。类似地，亨利（Henry，1995，p.191）指出，"个体员工为团队带来特定资源，但是在缺乏动机和激励的情况下，团队可能无法有效利用这些资源"。分类-加工模型则指出，团队信息加工动机（Information Processing Motivation）决定了团队能够在多大程度上缓解子团队偏见对信息加工的阻碍以及有效利用信息型断裂提供的认知资源与结构优势促进团队信息深度加工，从而对信息型断裂与信息精细化加工以及团队产出关系起到显著调节作用（Van Knippenberg 等，2004）。然而，当前信息型断裂调节变量研究中对能够直接影响团队断裂与信息加工过程关系的团队动机如认知动机和亲社会动机的关注严重

匮乏。

此外，当以"由下至上"涌现过程（Bttom – up Process）而非个体动机的加总平均来反映团队动机时，团队就形成了特定的动机氛围（HuLiden，2015）。团队氛围"刻画了任务是在团队成员间如何开展的"（Guillaume 等，2017，p.288），能够直接对子团队间互动关系施加影响，因此是团队多样性/断裂与团队过程及产出之间最直接的调节变量。当前研究虽然认识到团队氛围的重要性，却仅聚焦于多样性氛围（Diversity Climate）（Homan 等，2007；Chung 等，2015），忽视了团队动机氛围的边界调节作用。当前，团队断裂理论发展以及多元化团队管理实践的迫切需求使得在信息型断裂与团队过程及产出之间引入更多能够激发信息型断裂积极效应，同时抑制其消极影响的调节变量成为未来研究的重点方向。从团队信息加工动机视角展开团队断裂边界条件探索能够有效补充和完善当前研究，为多样化团队管理实践提供建议指导。

基于研究的现实背景与理论背景可知，信息型团队断裂与团队创造力之间的作用机理研究对于团队多样性、团队断裂、创造力与创新等领域理论发展尤为重要和紧迫；对于加强多元化知识团队管理，激发信息型断裂积极影响，提升团队创造力以及企业创新绩效具有重要的理论意义和实践价值。当前研究的匮乏与不足也预示着本领域的研究需要继续深入全面地探讨信息型断裂对创造力影响的作用机制。

第三节　研究问题提出与关键术语界定

一、问题提出

基于以上现实背景和理论背景，本研究主要关注"信息型断裂何时以及如何促进团队创造力"这一重要的理论研究问题。通过分析团队信息加工动机（团队认知动机及亲社会动机）在"信息型断裂—团队整合能力"以及"信息型断裂—团队创造力"作用关系中的调节作用，检验团队整合能力（外部知识获取与内部知识整合）对团队创造力的影响机制，并发掘团队整合能力在团队信息加工动机对"信息型断裂—团队创造力"作用关系所起的调节效应中的中介作用，本研究有效地回答了"信息型断裂何时以及如何促进团队创造力"这一关键但尚未解决的理论问题，为多元化团队创新管理实践提供了有力的理论支撑。具体分为以下4个研究问题：

（1）在团队信息加工动机的调节作用下，信息型断裂对团队创造力以及团队整合能力产生何种影响？两类不同动机的调节作用是否存在差异？

（2）在团队认知动机与亲社会动机交互项的调节作用下，信息型断裂对团队整合能力及团队创造力产生何种影响？在何种团队认知动机与亲社会动机水平组合下，信息型断裂是否能够最大化地促进团队整合能力及团队创造力发展？

（3）团队整合能力如何影响团队创造力？外部知识获取与内部知识整合之间是否存在显著的内在关系？

(4) 在团队信息加工动机的调节作用下,外部知识获取与内部知识整合是否能够在信息型断裂与团队创造力之间起到中介作用?该部分内容包含两点:(A) 外部知识获取与内部知识整合能否分别中介团队信息加工动机对"信息型断裂—团队创造力"作用关系所起到的调节作用;(B) "外部知识获取—内部知识整合"能否中介团队信息加工动机对"信息型断裂—团队创造力"作用关系所起到的调节作用。

二、关键术语界定

为了更加清晰、准确地研究以上问题,下面对研究中涉及的关键术语进行界定。

(1) 信息型团队断裂。延续贝兹鲁科娃(Bezrukova,2009)对信息型团队断裂的定义,本研究将信息型断裂定义为基于多重任务相关人口统计属性(如专业和工作年限等)的一致性联合,而将团队划分为若干同质子团队的假设分裂线(Hypothetical Dividing Lines)。

(2) 团队创造力。借鉴申和周(Shin 和 Zhou,2007)的定义,本研究将团队创造力定义为团队通过成员间协同合作而产生的有关产品、服务、过程及流程的新颖及有用的想法和创意。

(3) 团队整合能力、外部知识获取与内部知识整合。本研究延续米切尔(Mitchell,2006)对整合能力的界定与划分,将团队整合能力定义为团队跨越自身或组织边界,整合团队内外部专业化、碎片式的知识与信息的能力。基于知识基础观(Knowledge - Based View)和以过程反映能力的视角(Gold 等,2001;2012),团队整合能力可划分为外部整合能力与内部整合能力,分别通过外部知识获取与内部知识整合等过程反映(Mitchell,2006)。外部知识获取指团队能够通过外部渠道搜寻、定位新知识并将其纳入团队现存知识储备的过程;内部知识整合被定义为成员交换并重组团队内部已有知识,将个体所拥有的独特知识转化为与特定任务相关的、系统性团队层面知识,并进而将这些知识应用在问题解决及任务完成过程中的一种团队过程(Tiwana,2005;Mitchell,2006;Chuang 等,2015)。

(4) 团队认知动机及团队亲社会动机。基于动机性信息加工理论,团队认知动机及亲社会动机是能够影响团队信息加工过程不同方面的信息加工动机(Information Processing Motivation)(Nijistad 和 De Dreu,2012;De Dreu 等,2008)。本研究中团队认知动机及亲社会动机并非个体成员动机特质的平均化,而是通过由下至上(Bottom – Up)涌现过程而形成的团队集体动机。当个体在团队集体中工作时,人际互动使团队发展出一种共享期望(Expectations)与规范(Norms),从而形成团队层面集体动机。本研究将团队认知动机定义为团队成员对于团队在多大程度上会竭尽全力对当前任务形成深入、系统和全面认识与理解的共享感知,该动机影响团队信息加工深度(Depth);将团队亲社会动机定义为团队成员所共享的通过努力而使他人受益的信念与意愿,该动机影响团队信息加工偏好(Bias)。

(5) 被中介的调节效应(Mediated Moderation Effect)。借鉴普里彻(Preacher)等(2007)以及温忠麟,张杰和侯杰泰(2004)的研究,当自变量与因变量之间关系能够被调节变量所调节,而该调节作用进而能够被特定变量所中介时,所产生的整体效应被称为被中介的调节效应。本研究将首先考察团队认知动机及亲社会动机对"信息型断裂—团队整合能力"以及"信息型断裂—团队创造力"作用关系中的调节作用,在此基础上探讨团队整合能力在团队信息加工动机所起调节作用中的中介作用,因此是被中介的调节效应。

(6) 三路径的中介效应(Three – Path Mediated Effect)。源于库克和坎贝尔(Cook 和 Campbell,1979)对中介效应链的叫法。三路径的中介效应就是一条中介路径中包含两个相互作用的中介变量的中介效应模型。在此模型中,假设第一个中介变量会对第二个中介变量产生影响,那么,自变量可以通过第一个中介变量的中介路径 1 影响结果变量;可以通过第二个中介变量的中介路径 2 影响结果变量；还可以先通过中介变量1再通过中介变量2影响结果变量。如此，共有3条中介作用路径，因此，被称作三路径的中介效应。本研究假设提出，信息型断裂在团队信息加工动机的调节作用下，能够通过外部知识获取、内部知识整合以及"外部知识获取—内部知识整合"三个路径影响团队创造力。相关假设除了构成被中介的调节效应，在将信息型断裂与团队信息加工动机的交互项视为自变量时，也构成了三路径中介效应。

第四节　研究内容与研究思路

在投入—过程—产出（IMO）团队效能研究框架下（Mathieu 等，2008；Cohen 和 Bailey，1997；Ilgen 等，2005），结合分类-加工模型（CEM）以及动机性信息加工理论（MIP-G），本研究将信息型断裂作为团队构成投入、外部知识获取和内部知识整合作为内外部团队过程、团队创造力作为团队产出、团队认知动机和亲社会动机作为边界条件，探索在团队信息加工动机的调节作用下，信息型断裂如何直接和间接通过团队整合能力而影响团队创造力的内在机制，从而为多元化团队创新管理实践提供有益指导。

一、研究内容

（1）团队信息加工动机（团队认知动机及亲社会动机）在"信息型断裂—团队整合能力"以及"信息型断裂—团队创造力"作用关系中的调节作用。由于信息型断裂潜在的"双刃剑"效应（Double-Edged Sword Effect），借鉴前人研究（Ellis 等，2013；Cooper 等，2014；Spoelma 和 Ellis 等，2017），本研究将不提出信息型断裂与团队创造力之间的主效应关系假设，而是在分析信息型断裂对团队创造力产生的正负效应后，探讨团队认知动机及亲社会动机以及二者交互在信息型断裂与团队创造力关系中的调节作用。类似地，本研究也将在分析信息型断裂的"双刃剑"效应后，探讨团队认知动机与亲社会动机以及二者交互项在"信息型断裂—外部知识获取"以及"信息型断裂—内部知识整合"作用关系中的调节作用。

（2）团队整合能力（外部知识获取及内部知识整合）对团队创造力的影响。在这部分研究中，不但包括外部知识获取与内部知识整合对团队创造力的直接影响，还包括对外部知识获取、内部知识整合以及团队创造力之间关系探讨，即外部知识获取能否通过内部知识整合而间接影响团队创造力。

（3）外部知识获取、内部知识整合以及"外部知识获取—内部知识整合"在团队信息加工动机对"信息型断裂—团队创造力"作用关系所起调节效应中的中介作用（被中介的调节效应）。同时，这一研究内容也可以被表述为探讨信息型断裂与团队认知动机的交互项以及信息型断裂与团队亲社会动机的交互项分别作为自变量，能否通过外部知识获取、内部知识整合以及"外部知识获取—内部知识整合"三条中介路径影响团队创造力。

二、研究框架

第一章绪论。阐述本研究的现实背景和理论背景，归纳并界定本书的研究问题和关键术语，提出本书的研究内容和思路框架。

第二章理论基础和文献综述。本章对团队断裂、团队创造力、团队整合能力、团队认知动机及团队亲社会动机基本概念、研究的渊源与发展进行了系统回顾；并对信息型断裂与产出之间关系研究文献进行了综述，在总结前人研究的基础上，指出现有的信息型断裂与团队创造力关系研究的不足之处。

第三章理论模型及假设提出。基于团队信息加工模型构建了信息型断裂通过团队整合能力影响团队创造力的知识"双通道"路径机制；基于动机性信息加工理论分析了团队认知动机、团队亲社会动机以及二者交互在"信息型断裂—团队整合能力"以及"信息型断裂—团队创造力"作用关系中的调节作用；在投入—中介—产出（IMO）团队效能研究框架下，结合分类-加工模型及动机性信息加工理论构建了本书的理论研究模型，并提出了相应的研究假设。

第四章介绍本书的研究方法,包括调查样本的基本特征、理论模型各变量的度量以及对数据的可靠性检验,并介绍了数据分析中所用到的统计方法,包括多元回归分析、斜率差值比较法、多重中介效应分析法以及被中介的调节效应检验方法。

第五章介绍实证检验过程及其结果。采用统计方法对主要变量的信度和效度进行检验;基于多重聚合指标(R_{wg},ICC1 及 ICC2)检验个体层面数据向团队层面聚合的可靠性;采用多元回归分析方法、被中介的调节效应检验方法以及斜率差值比较法等验证本书所提出的相关假设及理论模型。

第六章对本书的实证结果进行深入讨论,指出研究结论对管理理论与管理实践的贡献及意义。

第七章总结本文的结论及创新点,对本研究不足之处和未来研究方向进行了总结和展望。全书的结构安排和主要内容如图 1-1 所示。

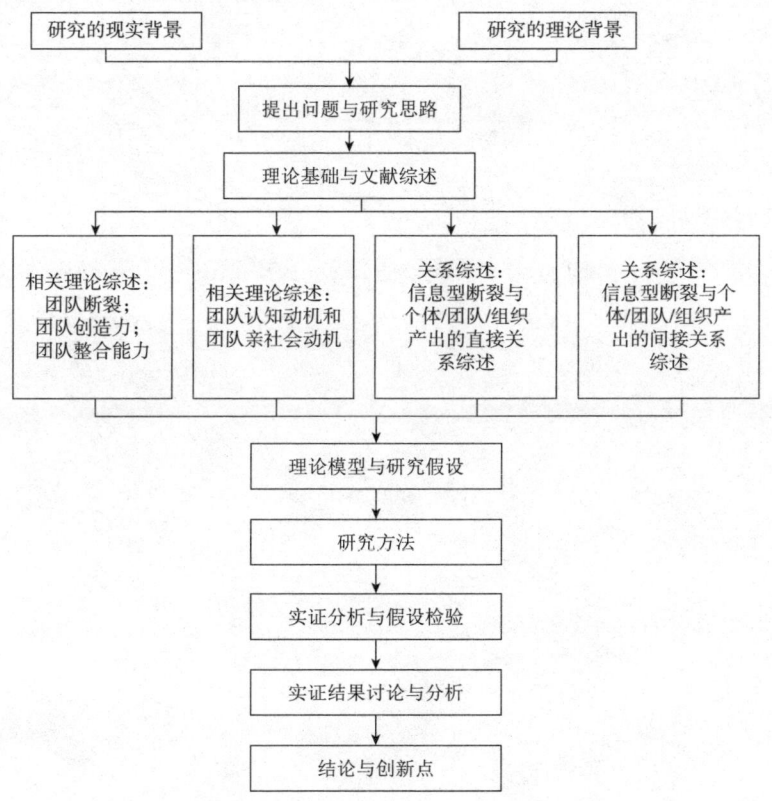

图 1-1 本书研究内容与结构框架

第二章

理论基础和文献综述

第二章

民居组群文化形态探索

本章将首先对本研究中的核心概念进行界定，对团队断裂的理论基础及算法进行系统性回顾，对团队创造力、团队整合能力及团队认知动机和亲社会动机的相关研究进行综述和述评，接着对信息型断裂与产出之间的关系（包括主效应、中介机制及调节机制）研究的相关文献进行综述，最后对现有理论与实证研究的不足进行分析与评述。

第一节 相关理论综述

一、团队断裂

（一）团队断裂的概念及分类

从团队断裂理论提出至今，关于其本质内涵的研究在不断扩大和深化。劳和穆尔尼汉（Lau 和 Murnighan，1998）首次在团队多样性理论基础上提出团队断裂构念，认为团队断裂是指团队成员间基于一个或多个属性（如性别、年龄、种族等人口统计学属性）之间联合差异而形成的潜在分裂线，沿着这条潜在分裂线团队有可能被划分成若干个子团队（Lau 和 Murnighan，998）。后来有学者扩大了其基础内涵，认为不单单上述极易识别和区分的表层人口统计属性特征能够激发团队断裂，个体之间在教育水平、职能背景、专业技能和工作年限等方面的差异也是潜在的形成团队断裂的基础属性（贝尔祖科娃 Berzukova 等，2009）。莫莱门（Mollemen，2005）则认为除了基于人口传记属性等表层特质所形成的团队断裂外，团队成员之间的深层差异如性格特征等也是构成团队断裂的关键因素。此外，地理位置也是构成团队断裂的重要因素之一，人口统计属性与地理位置的一致性联合作用将增强由地理位置构成的断裂。团队断裂构念基于多样性理论，但突破了多样性研究中独立效应方法（Independent Effect Approach）的局限性。多样性概念关注的是多种团队成员各自个体特征差异分布的离散程度，而团队断裂带则更加关注团队成员多重个体特征的动态聚合所形成的属性格局（Pattern）或者说构型（Configuration）（谢小云和张倩，2011），具有更强的解释和预测力度，也是对既有团队多样性概念的深化和超越。

在杰恩，诺斯克拉夫特和尼尔（Jehn，Northcraft 和 Neale，1999）对多样性进行划分的理论基础之上，贝兹鲁科娃（Bezrukova）等学者（2009）根据与任务相关度的强弱将人口传记属性划分为社会分类型团队断裂（Social Category Faultlines）和信息基础型团队断裂（Information-Based Faultlines），并认为二者具有差异化的理论基础：社会分类型断裂所产生的效应基于社会分类理论，而信息基础型断裂则基于信息加工/决策制定理论。随后，崔和塞（Choi 和 Sy，2010）按照同样的分类标准，将团队断裂划分为任务相关型断裂（Task–Related Faultlines）和关系导向型断裂（Relation-Oriented Faultlines）。赫茨申纽特（Hutzschenreuter）和霍斯特科特（Horstkotte）（2013）则将团队断裂划分为任务相关型断裂和生物-人口传记断裂（Bio-Demographic Faultlines）。国内学者谢小云和张倩（2011）将团队断裂划分为社会分类型（Social Categorization Based）、价值倾向型（Propensity Based）和知识专长型（Expertise Based）三种。综上所述，当前理论对人口传记属性团队断裂的划分主要基于断裂构成属性的任务关联度（Task-Relatedness）。因此，本研究也采取类似划分方式，将基于任期、教育水平、职能背景等反映成员在知识构成、工作技能、理念以及问题解决方式等方面差异、任务关联度较高的人口统计属性所构成的潜在分裂线称为信息型断裂；将基于性别、年龄、种族等任务不相关或任务关联度较低的人口统计属性所形成的潜在分裂线称为社会分类型断裂。

(二) 团队断裂测量

如何利用个体层面的人口统计属性数据来真实、准确地反映团队层面构念（如团队断裂），是团队断裂计算领域关注的重点。下面的内容首先综述激活断裂强度测量，进而通过表2-1比较分析利用客观数据测量团队断裂强度的算法之间的差异。

①激活断裂强度测量。在实验研究中，断裂的激活被作为展开研究的重要前

提。虽然实验研究能够探讨激活断裂对于团队过程及产出的影响,但通常仅能够探讨单一属性特征形成的断裂,难以反映工作团队的复杂人员构成及团队断裂情况(Spoelm 和 Ellis,2017)。也有学者为了解决实证研究中断裂的激活问题,采用主观的断裂强度量表(Cronin 等,2011)。然而,由于主观测量的团队断裂或子团队强度并不能精确地显示出构成团队断裂或子团队的具体个体属性,在断裂研究中的应用并不广泛。元分析结果表明,激活与未激活断裂具有高度相关性。因此实证研究中以客观人口统计特征数据计算得出的断裂强度可作为被激活断裂的替代纳入研究之中。

②基于客观人口统计数据的断裂算法。多数学者通过特定算法将个体层面客观人口统计属性数据聚合为反映团队构成特征的断裂相关指标。当前团队断裂算法主要有以下几种:Thatcher's Fau 算法(2003)(Thatcher 等,2003)、Shaw's FLS 算法、吉布森和韦尔梅伦(Gibson 和 Vermeulen,2003)开发的子团队强度算法、PMDcat(极化的多维多样性指标)、潜在聚类分析(Latent Class Clustering analysis,LCCA)以及基于多元聚类分析法的平均廓形宽度(Average Silhouette Width,ASW)算法等。表 2-1 汇总了上述断裂计量指标的核心构念、具体算法及优缺点。在具体研究时,可依据样本团队的规模、构成团队断裂的属性特征等选择合适的算法。

表 2-1　团队断裂测量方法汇总

名称	算法描述	公式	优点	缺点
Fau 算法	基于方差基础的多元聚类分析方法。断裂强度取决于最强断裂下子团队间方差与总体方差之比	$$Fau_g = \frac{\sum_{j=1}^{p} \sum_{k=1}^{2} n_k^g (\bar{x}_{jk} - \bar{x}_{.j.})^2}{\sum_{j=1}^{p} \sum_{k=1}^{2} \sum_{i=1}^{n_k^g} (x_{ijk} - \bar{x}_{.j.})^2}$$	可计算得出团队断裂强度数值;适用于数值型属性或变量;提供成员与其所属子团队的对应关系	当团队规模较大、可划分为两个以上子团队时,该算法不适用。由于该算法可同时纳入连续型和非连续型变量,不同类型变量的计量单位及权重也成为必须考虑的因素。此外,该算法计算量较大。当团队成员规模增加一人时,计算量呈指数式增长

续表

名称	算法描述	公式	优点	缺点
子团队强度（Subgroup Strength）	团队成员两两之间在被测量属性上的重合程度的标准差决定了子团队强度	子团队强度 = $SD(\sum_k \text{coverlap} X_{k,ji})$	对团队断裂的简单及直观测量,计算量较少	计算所得数值没有固定范围(range),无法与使用其他方法计算所得的断裂强度进行比较
Shaw's FLS	团队断裂强度取决于在特定属性上团队内部一致性程度与子团队之间的差异化程度	FLS = IA × (1 − CGAI) IA = internal alignment,子团队内部一致性	该算法计算量较低,适用于规模较大、能够被潜在划分为两个以上子团队的团队。	只适用于非连续型数据,连续型变量需进行分类划分。如何对连续型变量(如任期、认知能力等)进行合理划分成为困难。划分过程中造成方差变异损失。此外,该指标在分布质量方面不理想,计算结果偏度较大,结果范围有限
PMD$_{cat}$（极化的多维多样性指标 Polarized Multi-Dimensional Diversity）	将团队断裂视为极化的多维多样性	PMD$_{cat}$ = $\sum_{i=1}^{n}\sum_{j=1}^{n}(p_i+p_j)p_ip_jd_{ij}$	对团队数量进行限定,适用于存在两个以上子团队的团队	只适用于非连续型分类数据。无法提供成员与子团队间配对信息。无法确定子团队数量
潜在聚类分析（LCCA）	若假设每个子团队成员不得少于2人,通过潜在聚类分析方法可最多将规模为 n 的团队划分为 $n/2$ 个子团队。最终的聚类模式依据最低的贝叶斯信息标准值确定	—	可将断裂层面从团队层面上升至组织层面;不限定子团队数量;可提供成员与其所属子团队的对应关系	当团队规模小于30人时很可能得到不稳定的团队断裂强度结果
ASW	依据团队成员的相似性进行聚类分析,最终使子团队内部相似性和子团队之间异质性最高。第一步,基于合成聚（Agglomerativecluster Algorithms）分析方法确定特定团队中一系列 $(2×n, n$ 为团队规模)子团队初始排列。第二步,以最大化 ASW 值为标准,将团队成员在每一个初始排列中进行重新排列,以确定最终的最优解	ASW 是全部团队成员的个体廓形宽度的平均值,描述了相比子团队 B,成员 i 与子团队 A 更为契合的程度。个体廓形宽度可用下面公式计算: $S(i) = \dfrac{b_i - a_i}{\max(a_i, b_i)}$	在所有断裂强度计算方法中具有最高的信度和预测效度。该方法可同时纳入连续型和非连续型变量,且没有限定子团队数量,可适用于存在两个以上子团队的团队。输出结果中包含子团队数量以及成员与子团队之间配对信息。	—

注：作者依据当前文献整理而成。

(三) 团队断裂理论基础——分类—加工模型 (CEM)

分类-加工模型重构并整合了当前多样性研究中社会分类理论及信息加工/决策制定理论，是当前团队断裂研究领域中统领式理论框架。模型中提出了一系列在以往多样性研究中忽视的中介及调节变量，并提出多样性激发的社会分类与信息加工机制将产生交互作用：社会分类过程将通过子团队偏见显著调节团队多样性/断裂与信息加工过程之间关系。CEM 的重要意义在于以下几点：

首先，提出任务相关或非任务相关多样性/断裂均可激发信息/决策制定过程以及社会分类过程，特定多样性/断裂类型将分别引发积极或消极影响的研究视角应该被弱化甚至摒弃。其次，系统阐释了社会分类过程在团队多样性/断裂与信息加工过程之间的作用机制。社会分类过程受到比较性拟合（Comparative Fit）、规范性拟合（Normative Fit）及认知可获得性（Cognitive Accessibility）的影响。当比较性拟合、规范性拟合及认知可获得性均较高时，能够最大程度引发社会分类过程。而社会分类过程并非一定导致子团队偏见。社会分类过程与子团队偏见之间的关系同样受到一系列边界条件的影响，如认同威胁等。只有社会分类过程引发子团队间偏见时才消极影响团队多样性/断裂与信息加工之间关系。再次，信息精细化加工是团队多样性/断裂对团队效能产生积极影响的核心过程。最后，CEM 提出了一系列可能影响团队多样性/断裂与信息精细化加工以及团队产出之间关系的关键调节变量，如团队动机等。当前，分类-加工模型在团队断裂研究中的理论解释力和有效性（Utility）得到了普遍验证（Ellis 等，2013；Spoelma 和 Ellis，2017）。然而，该模型也存在一定的局限性，如无法为包含团队外部过程的理论研究模型提供整合式框架支持（Van Knippenberg 等，2004）。

二、团队创造力

(一) 团队创造力概念

当前学者对团队创造力的定义主要基于两种视角：过程视角（Process-Focused）和结果视角（Outcome – Focused）。其中，仅有蒂瓦纳（Tiwana，2005）基于过程视角，将团队创造力视为一种社会过程，并将其定义为在项目团队目标引导下，项目团队开展过程的新颖性程度（Tiwana 和 Mclean，2005）。而多数学者都将团队创造力视为一种团队产出和结果（Shin 和 Zhou，2007；Farh 等，2010）。本研究的理论概念模型基于 IMO 团队效能框架，因此将团队创造力视为一种结果产出进行概念界定。借鉴申和周（Shin Zhou，2007）的定义，本研究将团队创造力定义为通过团队成员集体努力而产出的有关产品、服务、过程和流程的新颖并有用的想法。

（二）团队创造力影响因素研究

当前，学者们从团队构成、团队涌现状态、团队过程、领导行为和团队社会及网络资本等视角探讨了团队创造力的前因影响因素。在团队构成要素中，有学者主要探讨了团队多样性，如专业异质性（Shin 和 Zhou，2007）、知识多样性（Hoever 等，2012）、认知多样性（Tadmor 等，2012）、人格特征（Kurtzberg 和 Amabile，2001；Kurtzberg，2005；Somech 和 Drach – Zahavy）、性别多样性（张燕和章振，2012）以及职能异质性对团队创造力的影响。除此以外，还有学者探讨了性别断裂（Pearsall 等，2008）、目标断裂（Ellis 等，2013）、社会认同断裂（Spoelma 和 Ellis，2017）以及信息型断裂（屈晓倩和刘新梅，2016a；2016b）对团队创造力的影响。在团队涌现状态方面，有学者主要探讨了团队积极情绪（汤超颖等，2011；Tsai 等，2012）、团队创新氛围（Gilson 和 Shalley，2004）、以及团队目标导向对团队创造力的影响（Gong 等，2013）。团队过程方面，有学者探讨了团队冲突和信任以及交互记忆系统、知识储备/利用以及团队直接和间接经验对团队创造力的影响。此外，还有汤超颖、朱月利和商继美（2012）等探讨了变革型领导以及汤超颖和邹会菊（2012）、王艳子等（2011）探讨了社会网络/资本对团队创造力的影响；Jia 等（2014）探讨了个体 – 组织匹配关系对团队创造力的重要影响。在上述影响因素中，部分学者认为团队构成为团队创造性想法的涌现提供了基础原材料（Raw Materials），是创造力得以发展的关键与基石（Hülsheger等，2009）。然而，不只是多样性的绝对离散程度，多样性的结构特征（Structure）如团队断裂也能够对团队创造性过程及产出产生关键影响（Zhou和Hoever，2014）。当前，只有屈晓倩和刘新梅（2016a，2016b）以及屈和刘（Qu和Liu，2017）等探讨了信息型断裂对团队创造力的影响，相关研究十分匮乏。

三、团队整合能力

（一）团队整合能力概念及维度

整合能力（integrative capability）概念起源于组织战略研究领域。亨德森（Henderson，1994）、维罗纳（Verona，1999）以及波尔（Boer，1999）基于知识基础观（Knowledge-Based View，KBV）提出整合能力构念，将其定义为企业跨越自身边界整合内外部专业化、碎片式知识的能力。整合能力包含两个核心维度，分别为外部导向整合能力以及内部导向整合能力（Externaland Internal-Focused Integrative Competency）。亨德森（Henderson，1994）和维罗纳（Verona，1999）提出，外部整合能力可反映为组织吸收外部功能性知识与信息的活动，内部整合能力则可反映为组织将外部渠道所获取的技术和市场知识与信息进行整合与利用的过程，内外部整合能力互相补充、协同增进项目绩效。而沃克（Weigelt，2009）则基于外包理论，将整合能力定义为企业吸收外部新技术并将其应用在商业过程中的能力（Weigelt，2009）。由此可见，整合能力本质上是基于知识基础观的一种知识整合能力，这种获取外部新知识、新技术和整合已有内部知识的能力对研发团队以及组织创新具有重要影响。格兰特（Grant，1996）提出，以知识整合为核心的组织能力具有多层性（Hierarchy）特征，其中典型的知识整合过程发生在团队层面（Grant，1996）。虽然整合能力的构念及研究多聚焦于组织层面，能力是一种"能够使预计的结果出现的可靠胜任力"，不论从理论还是实证方面，该构念均能够从组织层面向下扩展至较为微观的团队层面（哈斯 Haas, 2006)。因此, 加德纳 (Gardner)、吉诺 (Gino) 和斯塔茨 (Staats) (2012) 基于组织动态能力及资源基础观视角, 提出了团队 (动态) 知识整合能力, 将其定义为一种能够使成员对复杂问题做出联合贡献的可靠团队沟通模式 (Gardner 等, 2012)。该研究以团队内部沟通过程的可靠性、合作性及相关性等特征反映团队知识整合能力, 但是仅关注团队内部整合能力而忽视了外部整合能力, 因此无法涵盖整合能力构念的全部内涵和维度。巴萨利亚 (Basaglia) 等 (2010) 则以团队内部知识整合过程反映团队知识整合能力 (Basaglia 等, 2010), 同样地, 其研究主要关注团队内部整合能力而忽视了外部整合能力。在知识经济时代, 技术与市场环境呈现高度复杂化与动态化, 随着企业或组织逐步以跨职能和跨学科知识团队为单元开展创新活动, 团队内外部知识整合能力已经成为团队及组织获取创新成功所必需的核心能力之一 (Mitchell, 2006)。当前, 仅有米切尔 (Mitchell, 2006) 延续亨德森 (Henderson, 1994) 以及维罗纳 (Verona, 1999) 对整合能力的界定, 将项目团队管理者的整合能力定义为管理者在项目团队内部以及跨越团队甚至组织边界整合碎片化知识的能力, 并将该能力划分为外部整合能力和内部整合能力 (Mitchell, 2006)。其中, 外部整合能力通过外部知识获取过程来反映, 而内部整合能力则通过内部知识整合过程得到反映。米切尔 (Mitchell, 2006) 的定义全面、准确地涵盖了整合能力所包含的核心维度。

本研究借鉴米切尔 (Mitchell, 2006) 对整合能力概念的界定与划分, 将团队整合能力定义为团队跨越自身边界, 整合团队和组织内外部专业化、碎片化知识、信息与技术的能力。团队整合能力包含外部知识获取与内部知识整合两个核心过程维度 (Mitchell, 2006; 陈静, 2012)。其中, 外部知识获取指团队通过外部渠道搜寻、定位新知识并将其吸收、纳入团队现存知识储备的过程 (Mitchell, 2006; Chuang 等, 2016)。内部内部知识整合则被定义为成员交换并重组团队内部已有知识, 将个体所拥有的独特知识转化为与特定任务相关的、系统性团队层面知识，并进而将这些知识应用在问题解决及任务完成过程中的一种团队知识密集过程（Tiwana 等，2005；Mitchell，2006；Chuang 等，2016）。

(二) 团队整合能力、外部知识获取与内部知识整合相关研究

当前，整合能力相关研究主要聚焦于组织层面，且主要为质性研究，实证研究较少。其中，潘文安（2012）检验了企业关系强度对知识整合能力及企业间知识转移的影响（潘文安，2012）；赵旭和刘新梅等（2015）实证检验了社会型知识治理组织整合能力对组织创造力的间接影响（赵旭等，2015）；沃克（Weigelt，2009）检验了新技术外包对企业整合能力和绩效的影响（Weigelt，2009）。随着企业结构扁平化发展与工作团队的兴起，团队整合能力的构建成为企业创造力与创新发展的基石（Grant，1996）。但截至目前，仅有米切尔（Mitchell，2006）、加德纳（Gardner，2012）以及巴萨利亚（Basaglia，2010）等的研究针对团队（管理层）整合能力展开了探讨（Gardner，2012；Mitchell，2006；Basaglia，2010）。其中，米切尔（Mitchell，2006）以外部知识获取与内部知识整合来反映项目团队管理者的内外部整合能力，发现管理层的整合能力对企业应用集成（EAI）项目按时完成具有显著的积极影响。加德纳（Gardner）等（2012）验证了团队关系、经验资源以及资源结构对团队知识整合能力和团队绩效的影响。巴萨利亚（Basaglia）等（2010）则基于 I-P-O 范式，发现了团队投入—自主性和试验性氛围能够通过团队过程—团队知识整合能力而最终影响团队效能产出。表2-2汇总了当前围绕团队整合能力及其过程要素——外部知识获取与内部知识整合——展开的代表性实证研究。可以看到，除了米切尔（Mitchell，2006）的研究之外，尚未有实证研究囊括整合能力全部内涵，探讨团队内外部整合能力的前因及结果变量。

表2-2 团队整合能力、外部知识获取与内部知识整合相关实证研究汇总

作者	样本及方法	前因变量	中介变量	调节变量	结果变量	主要结论
汉森（Hansen），2002	120个新产品开发团队，实证研究	单元间网络路径长度；单位间直接关系数量			团队知识获取	单元间网络路径长度越短，越有利于焦点团队从属于其他单元的团队处获取知识。知识编码程度越高，与从属其他单元的团队之间的直接关系数量越能促进知识获取
奥克休伊森和艾森哈特（Okhuysen和Eisenhardt），2002	45个4人团队，实验研究	正式干预措施（信息共享；质询他人，时间管理）			团队知识整合	相比信息共享，质询他人与时间管理更能够促进团队知识整合
泽尔默-布鲁恩（Zellmer-Bruhn，2003）	90个工作团队，实证研究	组织干扰事件	知识转移努力		团队知识获取	组织干扰事件能够直接或间接通过知识转移努力促进团队知识获取
萨默奇和哈利利（Somech和Khalaili，2004）	60个研发团队，实证研究	团队间目标互异性；团队职能异质性	团队跨界行为		团队创新	团队间目标互异性以及团队职能异质性能够促进团队外部侦察和团队间协作活动；团队职能异质性抑制团队边界紧缩行为。团队边界活动显著促进团队创新
汉森（Hansen），莫尔斯（MORS）和勒夫斯（LØVÅS），（2005）	121个新产品开发团队	团队内网络密度、强度；单元间网络密度、强度		知识隐性	知识搜寻与知识获取	团队内部网络密度和强度越高，越阻碍团队向外搜寻知识，抑制外部知识获取。单元间网路密度和强度越高，越会促进团队外部知识搜寻和获取。知识隐性程度越高，单元间网路密度和强度对团队外部知识搜寻与获取的积极影响越强
蒂瓦纳（Tiwana，2005）	42项目团队，实证研究	专业异质性；关系资本；吸收能力	知识整合		团队创造力	关系资本与吸收能力能够显著促进团队知识整合，并进而促进团队创造力
米切尔（Mitchell，2006）	74个企业应用集成（EAI）项目团队	项目管理者内外部整合能力			EAI项目按时完成	项目管理者内外部整合能力越强，越能够促进EAI项目的按时完成

续表

作者	样本及方法	前因变量	中介变量	调节变量	结果变量	主要结论
哈斯（Haas, 2006）	96个项目团队，实证研究	团队知识收集（获取）		空闲时间；团队工作经验；决策自主性		团队空闲时间（slack time）与工作经验越多，决策自主性越大，团队知识收集越能够促进项目团队绩效
巴萨利亚（Basaglia）等，(2010)	69个工作团队，实证研究	自主性氛围，试验性氛围	IT团队知识整合能力		团队效率；团队效能	自主性氛围和试验性氛围均能够通过促进IT知识整合能力而促进团队效率及效能产出
加德纳（Gardner），吉诺（Gino）和斯塔茨（Staats），(2012)	104个工作团队	团队关系、经验及结构资源	团队知识整合能力	任务不确定性	团队绩效	团队关系资源及关系资源分布促进团队知识整合能力，经验资源分布抑制知识整合能力；任务不确定性正向调节关系资源与知识整合能力间关系，并负向调节经验资源与知识整合能力之间关系。知识整合能力对团队绩效具有促进作用
闯（Chuang），杰克逊（Jackson）和江（Jiang），(2016)	162个研发团队，实证研究	组织知识密集人力资源管理（HRM）系统		知识隐性；授权型领导	团队知识获取及知识共享	HRM系统显著促进团队知识获取与知识共享；知识隐性负向调节HRM系统与知识获取之间关系；授权型领导负向调节HRM系统与知识获取及知识共享之间关系

资料来源：作者依据文献整理而成。

虽然围绕团队整合能力的研究极为匮乏，但外部知识获取与内部知识整合等构成团队整合能力的过程要素得到了学者们的一定关注。首先，从表2-2可以看出，学者主要从组织人力资源管理系统（HRM）、组织干扰事件（Interrupt Event）、社会网络以及团队职能异质性和团队间目标互依性等视角探讨了团队外部知识获取的前因影响变量。如闯（Chuang）等（2016）探讨了组织人力资源管理系统对团队外部知识获取产生的跨层影响（Cross-Level Influence），以及知识隐性程度和授权型领导的调节作用。泽尔默·布鲁恩（Zellmer-Bruhn, 2003）

认为组织内部某个团队一旦取得创新成功或形成一种创新惯例（Routine），其他团队需要高效获取该经验或惯例来避免在相同问题上进行重复劳动。学者证实，干扰事件能够通过知识转移努力而促进团队外部知识获取。而汉森（Hansen，2002）以及汉森（Hansen），莫尔斯（Mors）和勒夫斯（LØVÅS）（2005）则探讨了团队的社会网络特征对团队外部知识获取动机与行为的影响（Hansen，2002；Hansen 等，2005）。在结果变量方面，学者探讨了外部知识获取与团队绩效和创新之间关系，但并未得到一致性结论。如哈斯（Haas，2006）发现团队外部知识获取对项目绩效的直接影响不显著（Haas，2006）。然而，安科纳（Ancona）和考德威尔（Caldwell）（1992）发现团队外部沟通（包括知识交换与获取）能够积极促进团队绩效（Ancona 等，1992）。萨默奇（Somech）与哈利利（Khalaili，2014）发现团队外部侦察行为（Scouting）能够促进团队创新（Somech 等，2014）。由此可见，外部知识获取对团队产出的影响与团队效能评价标准以及其他一系列情境因素（如团队能力、任务特征等）密切相关。

　　从表 2-2 可知，当前团队层面知识整合相关研究较为匮乏。仅有奥克休伊森和艾森哈特（Okhuysen 和 Eisenhardt，2002）以及蒂瓦纳（Tiwana，2005）等从团队正式干预措施和团队构成属性等视角探讨了团队知识整合过程的前因变量。其中，奥克休伊森和艾森哈特（Okhuysen 和 Eisenhardt，2002）等通过实验研究发现"他人关注"措施如质询他人及时间管理均能够通过团队注意力转换集群（Cluster）来促进团队知识整合（Okhuysen 等，2002）。而蒂瓦纳（Tiwana，2005）则从团队结构性前因变量（如专业异质性、团队关系资本及团队吸收能力）探讨了团队知识整合的前因影响因素。理论研究方面，Alavi 和 Tiwana（2002）提出组织知识管理系统对交互记忆系统构建的支持、对团队成员之间相互理解的支持、对虚拟环境中情境知识的共享以及维护的支持、对虚拟团队成员之间强连接的支持均能够有效促进团队知识整合（Alavi 等，2002）。纽厄尔（Newell），廷斯利（Tansley）和黄（Huang）（2004）则利用案例研究探讨了团队社会资本对团队知识整合的影响（Newell 等，2004）。此外，学者探讨了知识整合与结果变量（如团队效能以及创造力）之间的关系。例如，蒂瓦纳（Tiwana，2005）发现知识整合能够显著促进团队创造力。梅塔和梅塔（Mehta 和 Mehta，2017）则发现，团队知识整合能够显著促进团队效能产出（Mehta 等，2017）。

由以上综述可知，当前团队整合能力的研究主要关注团队内部整合能力，忽视了团队外部整合能力的发展及其对团队产出的重要影响。而且，当前学者对整合能力结果变量的探讨大多聚焦于整合能力与组织/团队绩效之间的关系，鲜少有学者关注团队整合能力对团队创造力这一重要效能产出的影响。此外，很少有学者对内外部团队知识过程之间的关系进行探讨。学者提出，团队内外部过程之间既可能相互增进、协同发展（Synergy），也可能相互竞争、彼此削弱（Competition）（Ancona，1990；Choi，2002），但当前理论界对于团队外部活动如何影响内部过程及团队绩效的过程机理仍然知之甚少。因此，对外部知识获取与内部知识整合之间关系的探讨具有重要的理论及实践意义，探讨二者之间的关系也是本研究关注的重点之一。

四、团队认知动机与亲社会动机

（一）团队认知动机与团队亲社会动机概念

动机性信息加工理论（Motivated Information Processing in Group Theory，MIP - G）将团队视为特殊的信息加工者（Information Processor），在其中频繁发生着通过搜寻、交换和扩散来拓展信息量的社会处理活动和对信息进行深层次整合、评估和筛选的认知处理活动（De Dreu 等，2008；耿紫珍，刘新梅和沈力，2012）。因此，MIP - G 的重要贡献在于识别并界定出了能够影响团队信息加工过程的两类动机：认知动机（Epistemic Motivation）和社会动机（Social Motivation）（De Dreu 等，2008）。认知动机的高低描述了个体对当前情境（包括工作及任务环境）产生深入、全面、系统和准确认识的倾向和偏好程度。社会动机指个体对成果产出在个人与其他团队成员之间进行分配的偏好，变化范围从利己动机（个体仅仅关注个体所得）到亲社会动机（个体关注集体利益以及利益分配的公平公正）。当前在团队层面认知动机和亲社会动机实证研究中，学者通常将团队动机视为一种加总模型（Additive Model），利用个体特质的加总平均来反映团队层面动机水平。然而，学者逐步认识到在工作团队中，团队动机更多反映了成员对当前团队动机的共享认知，属于参照者转移一致性模型（Referent-shift Consensus Model）。如胡（Hu）和利登（Liden）（2015）提出，在工作环境中，每个团队成员都从其他成员处获取信息和信号（Cue）以理解他人的价值观导向，并逐渐形成一种关于团队受到何种内在驱动力的驱使以及是否关心他人福利成为引导成员行为的准则的共享认知（Shared Cognition）。因此，本研究中团队动机是通过团队成员间互动而形成的一种对团队内在价值观的集体共享信念（Collective Shared Belief）。其中，团队亲社会动机被定义为团队成员所共享的、通过努力使他人获益的集体意愿；团队认知动机则被定义为团队竭尽全力对任务相关信息进行深入和系统加工与处理以对当前任务或问题产生全面和准确认识的共享意愿。

（二）团队认知动机与亲社会动机相关研究

表2-3汇总了当前围绕团队认知动机和亲社会动机展开的代表性研究。首先，基于动机性信息加工理论，当前研究普遍验证了当团队同时具有高水平的认知动机及亲社会动机时，对团队信息加工过程及产出最为有利。相关研究的结果变量主要包括团队绩效、决策质量、团队创造力以及谈判质量等产出。例如，德德雷乌（De Dreu）等（2006）发现团队认知动机与亲社会动机的组合能够最大程度上促进团队（谈判双方）信任的提升，并促使团队利用合作式谈判策略。德德雷乌（De Dreu）等（2007）则探讨了团队合作式互依性（反映团队亲社会动机）与任务反思（反映团队认知动机）的交互作用对团队学习行为、信息共享及团队绩效的积极影响。贝赫特特（Bechtoldt）等（2010）的研究则表明，团队认知动机能够显著促进团队创造力，而团队亲社会动机能够进一步促进认知动机

对团队创造力的积极影响，团队认知动机与亲社会动机的交互还能够通过建设性争辩间接促进团队创造力（Bechtoldt等，2012）。

其次，认知动机与亲社会动机的单一研究（研究中只涉及认知动机或亲社会动机）也在逐步开展。例如，胡（Hu）和利登（Liden）（2015）探索了团队亲社会动机对团队效能所产生的影响及作用机制（Hu等，2015）。基于团队效能理论，研究者发现团队亲社会动机能够通过任务相关（团队合作）与情感相关团队过程（团队活力）影响团队效能产出（团队绩效、团队组织公民行为及团队离职行为）。格兰特（Grant）和贝瑞（Berry）（2011）探讨了亲社会动机对内部动机与创造力之间关系的积极调节作用（Grant等，2011）。范克里夫（Van Kleef）等（2014）则验证了团队认知动机在团队领导情绪展示对于团队绩效的影响机制中所起到的重要调节作用（Kleef等，2009）。该研究发现，当团队成员认知动机较高时，团队领导消极情绪的展示将通过信息加工路径影响团队绩效；而当团队认知动机较低时，团队领导积极情绪展示将通过团队成员的情感反应来影响团队绩效。同时，也有其他研究将团队成员的认知闭合（Cognitive Closure）或认知需求（Nneed for Cognition）特质聚合为团队层面变量来反映团队认知动机，探讨其在团队多样性与过程及产出之间关系中的调节作用。如科尔尼（Kearney）、格伯特（Gerbert）和沃尔佩尔（Voelpel）（2009）实证检验了团队认知需求在团队性别和教育背景多样性对于团队信息精细化加工和集体认同之间关系中的积极调节作用（Kearney等，2009）。在高度团队认知动机的调节作用下，团队性别与教育多样性能够通过团队信息精细化加工和团队集体认同而最终促进团队绩效。而当团队认知动机水平较低时，性别多样性则会抑制团队信息精细化加工及团队认同的形成，并最终抑制团队绩效。此外，斯帕克曼（Sparkman）和布兰哈尔（Blanchar）（2017）验证了个体认知动机在观点采择对偏见（Prejudice）的消极关系中的削弱作用（负向调节）（Sparkman等，2017）。

通过当前研究可知，作为具有差异化内涵并影响信息加工不同方面的动机要素,团队认知动机与亲社会动机以及二者交互能够分别对特定团队投入、过程及产出之间关系产生不同影响。因此,深入探讨团队认知动机与亲社会动机在信息型断裂、团队整合能力(外部知识获取与内部知识整合)以及团队创造力之间关系中所起到的差异化调节作用以及二者交互的调节效应(三项交互调节效应)具有重要的理论和实践意义。

表2-3 团队认知动机及亲社会动机相关实证研究汇总

作者	样本及方法	前因变量	中介变量	调节变量	结果变量	主要结论
德德雷乌(De Dreu)等,2006	60个学生团队,实验研究	团队认知动机		亲社会动机	信任、合作式谈判策略	团队认知动机与亲社会动机的交互能够显著促进团队信任以及合作式谈判策略
德德雷乌(De Dreu),2007	46个工作团队,实证研究	合作式目标互依性(团队亲社会动机)	信息共享,团队学习	任务反思(团队认知动机)	团队效能	合作式目标互依性与任务反思的交互作用能够显著通过信息共享以及团队学习促进团队效能产出
范克里夫(Van kleef)等,2009	35个4人学生团队,实验研究	领导情绪展示	情感反应;绩效推论	团队认知动机	团队绩效	当团队成员认知动机较高时,团队领导消极情绪的展示将通过信息加工路径影响团队绩效。而当团队认知动机较低时,团队领导积极情绪展示将通过团队成员的情感反应来影响团队绩效
科尔尼,盖伯特,以及沃尔佩尔(Kearney, Gebert,以及 Voelpel),2009	83个工作团队,实证研究	年龄及教育专业多样性	集体认同;信息精细化加工	团队认知需求(团队认知动机)	团队绩效	团队认知需求积极调节年龄及教育专业多样性与集体认同以及信息精细化加工过程之间关系;集体认同以及信息精细化加工过程能够中介团队认知需求在团队多样性与团队绩效关系中所起到的调节作用

续表

作者	样本及方法	前因变量	中介变量	调节变量	结果变量	主要结论

贝赫特特（Bechtoldt）等,2010	4个研究中分别使用36、39、35以及46个3人学生团队,实验研究	团队认知动机	建设性争辩	团队亲社会动机	团队创造力	具有较高认知动机的团队能够依据当前文化环境(集体主义/个人主义)的创造力评价规范(有用性/原创性)促进团队创造力;团队亲社会动机积极调节团队认知动机与创造力之间积极关系,这一调节作用能够被建设性争辩所中介
维尔登（Velden）等,2010	86个谈判双方（dyads）,实验研究	谈判双方认知动机构成	信息不足（insufficiency）		联合式谈判产出	实验1中发现,谈判双方只要一人拥有较高认知动机即会促进联合式谈判结果。实验2中发现,较高的认知动机会通过在谈判中弥合信息不足而间接促进联合式谈判结果
格兰特和贝瑞（Grant和Berry）,2011	3个研究,分别采用了实验和实证方法	内部动机		亲社会动机;观点采择	员工创造力	通过3个研究,学者验证了亲社会动机以及观点采择在内部动机与员工创造力之间的积极调节作用。其中,观点采择能够中介亲社会动机的调节作用
胡(Hu)和利登(Liden),2015	67个工作团队以及124个临时团队,实证与实验研究结合	团队亲社会动机	团队合作;团队活力	团队互依性	团队效能（团队绩效;团队组织公民行为以及团队离职倾向）	团队亲社会动机能够通过团队合作显著促进团队绩效及组织公民行为,并通过团队活力抑制成员离职倾向。团队互依性能够正向调节团队亲社会动机、团队合作以及团队绩效和组织公民行为之间的间接效应,同时负向调节团队亲社会动机、团队活力与员工离职倾向之间的间接效应

资料来源:作者依据文献整理而成。

第二节　信息型断裂与产出关系的研究综述

当前团队断裂研究主要聚焦于社会分类型断裂或同时包含社会分类型及信息型人口统计属性特征的团队断裂（撒切尔 Thatcher 等，2012），对信息型断裂的作用机制研究十分匮乏。在以"团队断裂""团队断裂带"以及"Team Faultlines"为关键词搜索得到的相关性较高的中英文文献中，仅有不到三分之一是关注并围绕信息型断裂作用机制展开的研究，且发表时间集中在近九年时间。学者贝兹鲁科娃（Bezrukova）等（2009）首次将刘（Lau）和穆尔尼汉（Murnighan）（1998）所提出的团队断裂内涵进行了系统性扩展和深化。学者明确提出，不单单是容易被人感知到的表层人口统计属性差异（如性别、年龄及种族等）能够促进团队内部分裂的产生，基于教育水平、工作经验、职能背景以及工作年限等深层人口统计属性的一致性联合也可导致团队内部显著分裂（Notable Schisms）的产生，该类型团队断裂将在特定情境中（如团队执行复杂性和创新性较高的任务时）发挥重要作用，依据构成属性与工作的关联度将团队断裂划分为社会类别断裂与信息型断裂。学者提出，依据不同人统计属性特征（社会分类型/信息基础型）形成的不同类型断裂对团队过程及产出具有差异化影响（Cooper 等，2014；Speolma 和 Ellis，2017），因此，展开团队断裂分类研究对于厘清不同类型断裂作用机理并进一步深化和细化团队断裂相关研究具有重要推动作用。表 2-4 对研究中以信息型团队断裂为前因变量的团队断裂研究进行了系统的归纳与汇总。可以看出，将团队断裂进行类别划分并展开系统研究始于从 2009 年，而学者开始关注信息型断裂与创造力/创新绩效之间关系则始于近几年。可以说，围绕信息型断裂与产出（尤其是创造力/创新）关系展开的理论及实证研究目前还处于起步阶段，相关研究的数量与理论深度都存在极大的不足。当前，围绕信息型断裂展开的实证研究主要关注绩效产出，少数研究关注了决策质量、创造力及创新以及团队学习等结果变量以及组织公民行为及个体忠诚行为等角色外情感产出。结果变量的层面包括组织、团队及个体等。除了信息型断裂与结果变量之间的主效应研究，学者还探讨了能够影响信息型断裂与产出之间关系的调节变量与中介机制。下面将系统、深入地对围绕信息型断裂展开的主要研究进行回顾与综述。

表2-4 以信息型断裂为前因变量和以创造力/创新为结果变量的团队断裂研究汇总

作者	样本及方法	前因变量	中介变量	调节变量	结果变量	主要结论
利克（Rico），莫莱曼（Molleman,）桑切斯-曼扎纳雷斯（Sánchez-Manzanares），范德维格特（Van der Vegt），(2007)	60个学生团队，实验研究	教育背景——尽责性团队断裂		团队自主性	团队决策质量；社会整合	团队断裂对团队决策质量与社会整合均产生消极影响；上述消极关系会被团队自主性进一步增强
皮尔萨（Pearsall），埃利斯（Ellis）和埃文斯（Evans）(2008)	80个团队，实验研究	性别断裂	情感冲突		团队创造力	激活的性别断裂可直接或间接通过情感冲突抑制团队创造力

续表

作者	样本及方法	前因变量	中介变量	调节变量	结果变量	主要结论
贝兹鲁科娃（Bezrukova）等（2009）	76个工作团队，实证研究	社会类别型断裂；信息基础型断裂		团队断裂距离；团队认同	团队自由奖金（discretionary award）；感知团队绩效	社会类别型断裂强度与团队自由奖金之间呈负相关关系；社会类别断裂距离显著负向调节断裂强度与感知团队绩效之间关系；信息型断裂距离显著负向调节断裂强度与团队绩效之间关系；信息型断裂强度、距离与团队认同的三项交互显著正向促进感知团队绩效；当团队认同水平高时，断裂距离越高，断裂强度越能促进团队绩效；当团队认同水平低时，断裂距离越高，断裂强度越会抑制团队绩效
崔（Choi）和塞（Sy）（2010）	50个工作团队样本，实证研究	关系型团队断裂；任务相关型断裂	任务冲突；关系冲突		团队组织公民行为；团队绩效	性别－年龄断裂、年龄－种族断裂、任期－性别断裂、任期－年龄断裂均显著激发关系冲突；任期－种族断裂则抑制关系冲突；任期－性别断裂显著促进任务冲突；关系冲突与团队组织公民行为负相关；任务冲突与团队组织公民行为正相关，与团队绩效负相关。关系冲突与任务冲突中介团队断裂与团队组织公民行为及团队绩效之间关系
范克尼彭贝格（Van kniipenberg）等（2010）	42个高管团队，实证研究	工作年限－职能－性别断裂		团队共享目标	组织绩效	工作年限－职能断裂对组织绩效的直接影响不显著，性别－职能与组织绩效显著负相关；团队共享目标对年限－职能断裂的调节作用不显著，但能够显著正向调节性别－年限断裂与组织绩效之间关系

续表

作者	样本及方法	前因变量	中介变量	调节变量	结果变量	主要结论
贝兹鲁科娃（Bezrukova）等（2012）	54个部门下138个中层管理团队，实证研究	信息型团队断裂		团队－部门结果导向文化一致性	团队绩效	信息型断裂与团队绩效具有显著负相关关系；当团队与其所属部门具有一致性的结果导向文化时，上述负向关系将被反转
江（Jiang）等（2012）	50个学生项目团队，实验研究	教育专业断裂；国籍断裂	任务信息共享；社会互动		团队绩效；团队平均身份显著性	教育专业断裂消极影响任务信息共享；国籍断裂消极影响工作外社交互动；任务信息共享促进团队绩效以及平均身份显著性
埃利斯（Ellis）,麦（Mai）和克里斯蒂安（Christian）(2013)	87个临时团队，实验研究	目标断裂	反思性重构；社会惰性	任务复杂性	团队创造性绩效；团队常规绩效	在较高任务复杂性程度下，目标断裂将通过反思性重构提升团队创造性绩效；在任务复杂性程度较低时，目标断裂将通过社会惰性抑制常规绩效
库珀（Cooper），帕特尔（Patel）和撒切尔（Thatcher）（2014）	380个企业高管团队样本，实证研究	信息型断裂		环境动态性，资源丰富性，环境复杂性	组织绩效	高管团队信息型断裂与组织绩效没有显著关系。资源丰富性与环境复杂性积极调节信息型断裂与组织绩效之间关系；环境动态性消极调节二者关系
闯（Chung）等（2015）	76个工作部门，1652个员工，实证研究	关系型团队断裂；任务型团队断裂		团队多样性氛围	员工忠诚行为	性别断裂与员工忠诚行为之间呈显著的负相关关系；团队多样性氛围促进员工忠诚行为；团队多样性削弱性别断裂与员工忠诚行为之间的负向关系，同时增进任期断裂与员工忠诚行为之间的正向相关关系

续表

作者	样本及方法	前因变量	中介变量	调节变量	结果变量	主要结论
陈伟,杨早立和朗益夫(2015)	167个工作团队,实证研究	社会分类断裂带;信息认知断裂带	交互记忆系统	关系型领导行为	团队效能	社会分类型断裂带对交互记忆系统及团队效能产生显著负向影响;信息认知型断裂带对交互记忆系统及团队效能产生显著积极影响;关系型领导行为积极调节社会分类型断裂带以及信息认知型断裂带与团队效能之间的关系;交互记忆系统中介关系型领导行为在社会分类型断裂带与信息认知断裂带与团队效能之间关系中的调节作用
屈晓倩,刘新梅(2015)	41个研发团队,实证研究	信息型断裂		情绪调节策略	个体突破式创造力与渐进式创造力	信息型断裂能够显著抑制个体突破式创造力,对渐进式创造力影响不显著;认知重估积极调节信息型断裂与个体突破式创造力间的关系;表达抑制显著负向调节信息型断裂与渐进式创造力间的关系
潘清泉,唐刘钊,韦慧民(2015)	83家上市企业高管团队,实证研究	任务相关断裂带;生理特征断裂带		创新能力	国际化战略	高管团队任务相关断裂带对国际化战略具有负向影响;生理特征断裂带对国际化战略的实行具有正向影响;创新能力在生理特征断裂带与国际化战略的作用过程中起调节作用
屈晓倩,刘新梅(2016a)	42个研发团队,实证研究	信息型断裂	交互记忆系统		团队创造力	信息型断裂能够积极促进团队创造力;交互记忆系统在上述关系中起到显著中介作用
屈晓倩,刘新梅(2016b)	66个研发团队,实证研究	信息型断裂	团队反思	团队学习目标导向	团队创造力	团队学习目标导向积极调节信息型断裂与团队创造力之间关系;团队反思在上述调节作用中起到显著中介作用

续表

作者	样本及方法	前因变量	中介变量	调节变量	结果变量	主要结论
林明,戚海峰和李兴森(2016)	732个企业高管团队,实证研究	任务断裂带;情感断裂带		混合高管权力结构平衡	突破性创新绩效	任务断裂带与突破式创新绩效之间无显著关系;情感断裂带与突破式创新绩效负相关;混合高管权力平衡
鲁珀特(Rupert)等(2016)	72个工作团队,实证研究	信息型团队断裂	交互记忆系统	断裂距离	任务学习及过程学习	断裂距离越小,信息型断裂越能促进任务及过程学习;交互记忆系统在上述调节过程中起到中介作用
杨陈和唐明凤(2017)	88个高校科研团队,实证研究	社会分类断裂带;信息认知断裂带	隐性知识转移	过程控制	团队创新绩效	社会分类断裂带显著负向影响隐性知识转移和团队创新绩效,而信息认知断裂带显著正向影响团队创新绩效;过程控制在信息认知断裂带与团队创新绩效之间关系中起倒U型调节作用;隐性知识转移在社会分类断裂带与团队创新绩效之间具有完全中介作用,而在信息认知断裂带与团队创新绩效之间起到部分中介作用
斯波尔马(Spoelma)和埃利斯(Ellis)(2017)	60个学生团队,实验研究	社会认同断裂;信息型断裂	心理安全感;地位冲突	团队威胁	团队创造力;团队决策质量	在威胁水平较高时,身份认同能够通过心理安全感促进团队创造力;信息型断裂则通过地位冲突降低团队决策质量

资料来源:作者根据相关文献整理而成。

一、信息型断裂与产出之间的直接关系研究

(一)信息型断裂与组织/团队/个体绩效产出

信息型断裂研究中,绩效产出是受到最多关注的结果变量,但至今没有得出一致性结论。有学者发现信息型断裂与绩效之间不存在显著相关关系。例如,范克尼彭贝格(Van knipenberg)和库珀(Cooper)等(Cooper等,2014;Knippenberg等,2011)(2014)发现,高管团队信息型断裂对组织绩效并不产生显著的直接影响;贝兹鲁科娃(Bezrukova)等(2009)发现,信息基础型断裂与团队

绩效之间关系不显著（Bezrukova 等，2009）。然而，也有学者发现，信息型断裂/任务型断裂对绩效产出具有负向影响。如贝兹鲁科娃（Bezrukova）等（2012）发现教育—职能—工作年限形成的信息型断裂能够通过子团队间偏见抑制团队对认知资源的利用，从而对团队绩效具有显著的负向影响。类似地，江等（Jiang 等，2012）发现教育专业断裂能够对团队绩效产生消极影响。国内学者潘清泉等（2015）发现高管团队任务相关型断裂会严重阻碍企业国际化战略的开展。但是，国内学者陈伟，杨早立和朗益夫（2015）却发现信息认知断裂带能够显著促进团队效能产出（陈伟等，2015）。崔和赛（Choi 和 Sy，2010）也发现任期-性别断裂通过任务冲突负向影响团队绩效（Choi 等，2010）。

（二）信息型断裂与团队/个体角色外及情感产出

除了对绩效、决策质量、创造力及创新等组织/团队/个体产出的关注，也有学者关注信息型断裂对社会整合、组织公民行为和员工忠诚行为等角色外产出产生的影响。如里克（Rico）等（2007）发现教育背景——尽责性团队断裂对团队社会整合将产生显著的负面影响（Rico 等，2007）。崔和赛（Choi 和 Sy，2010）探讨了关系型断裂（基于性别、年龄与种族等人口统计属性）与任务型断裂（基于工作年限等属性特征，如年限-性别断裂）对团队层面组织公民行为的影响（Choi 等，2010）。结果发现，仅有工作年限-种族断裂能够间接地积极影响团队组织公民行为。此外，最新的相关研究还拓展了团队断裂研究层面（Chung 等，2015），探讨了任务导向型断裂（工作年限断裂以及职能断裂）对员工忠诚行为的影响（Chung 等，2015）。结果显示，工作年限断裂能够对员工忠诚行为产生显著的积极影响。

（三）信息型断裂与组织/团队/个体创造力及创新产出

随着团队面临工作和任务复杂性、非常规性以及创造性的提升，逐渐有学者将决策质量、创造力及创新作为团队断裂结果变量展开研究。依据信息加工理论可知，基于工作年限、职能及教育背景形成的信息型/任务型断裂能够为团队提供更丰富的认知资源并促进团队对任务相关信息的深度加工，因此更能够提升团队决策质量、创造力及创新产出。然而，当前少数围绕信息型断裂与创造力及创新产出之间关系的研究却未能达成一致观点。如卫旭华等（2015）发现任务型断裂对企业创新能力具有显著的积极影响（卫旭华等，2015）；杨陈和唐明凤（2017）同样发现信息认知断裂带能够积极促进团队创新绩效（杨陈等，2017）。然而，屈晓倩和刘新梅（2015）等却发现信息型断裂将对个体突破式创造力产生显著负向影响。斯波尔马（Spoelma）和埃利斯（Ellis）（2017）也发现了信息型断裂对团队决策质量的消极影响（Yuan 等，2012）。此外，还有学者如屈晓倩和刘新梅（2016b）、林明等（2016）以及屈和刘（Qu 和 Liu，2017）发现信息型断裂带与组织/团队创造力及企业创新绩效之间并没有显著的直接关系（林明等，2016；屈晓倩等，2016；Qu 等，2017）。除了探索信息型断裂对创造力/创新/决策质量的影响，鲁珀特（Rupert）等（2016）探讨了信息型断裂强度对团队任务及过程学习的影响。

综合信息型断裂与绩效及创造力/创新的关系研究可知，学者虽然认为信息型断裂能够为团队带来多元化认知资源，因此更能够通过信息深层次加工而提升组织/团队积极产出，但这一推断并未得到实证结果的普遍支持。与社会分类型属性类似，任务相关型属性也能够作为成员社会认同（Social Identity）的来源。例如，具有相似工作年限的员工之间具有相似的工作经历，工作方法和理念更接近，能够产生相互吸引（Mutual Attraction），导致员工更愿意与具有相似工作年限的员工而非具有差异化工作年限的员工进行互动和沟通，引发社会分类过程以及子团队间偏见。当前学术界对信息型团队断裂与团队创造力/创新这一重要产出之间的关系缺乏应有的关注，导致信息型断裂与创造力/创新之间关系的实证研究起步较晚（最早实证研究发表于 2015 年）。同时，理论深度方面也存在严重不足，致使当前矛盾结论的产生。二者之间关系有待于研究者更深入地探索与发掘。

二、信息型断裂与产出之间的间接关系研究

（一）信息型断裂中介机制研究

当前，由于团队断裂可能产生的"双刃剑"效应，多数研究都仅仅关注能够影响信息型断裂与团队产出之间关系的调节作用机制，忽视了对信息型断裂与团队产出之间的中介机制的探索与发掘。在仅有的几篇围绕信息型断裂中介机制的研究中，学者仍然首先从社会认同和社会分类视角出发，认为子团队间偏见导致的团队冲突（包括关系冲突、任务冲突及地位冲突）是信息型断裂影响团队产出的关键机制。如崔（Choi）和赛（Sy）（2010）探讨了任务冲突和关系冲突在任务相关型断裂与团队绩效及组织公民行为之间的中介作用。斯波尔姆 Spoelm 和埃利斯 Ellis（2017）则通过实验研究发现了地位冲突（Status Conflict）——成员关于其在团队社会阶层中相对地位的争论——在信息型断裂与团队决策质量之间的中介作用。而作为实现信息型断裂积极潜力的核心路径，团队信息加工过程的中介作用尚未得到足够的重视。目前，只有江（Jiang）等（2012）、屈晓倩和刘新梅（2016b）、杨陈和唐明凤（2017）等探讨了任务相关知识共享、团队反思和隐性知识转移在信息型断裂与团队绩效、团队创造力及创新绩效之间的中介作用。此外，还有学者从集体认知视角探讨了交互记忆系统的中介作用（陈伟，杨早立和朗益夫，2015；屈晓倩和刘新梅，2016a；鲁珀特 Rupert，2016）。由此可见，当前信息型断裂与团队产出之间中介机制的研究还严重匮乏，而且只基于内部视角（Internal Perspective）探讨了团队内部过程在信息型断裂与产出之间的中介作用，严重忽视了外部过程的中介作用，从而导致无法对信息型断裂影响团队产出的复杂作用机理形成全面和深入的认识与理解。

（二）信息型断裂调节机制研究

信息型断裂与团队产出之间的不一致结论使得对能够激发信息型断裂积极效应并抑制其消极影响的调节机制的发掘与识别成为信息型断裂相关研究的核心与

关键。从表2-4可以看到，当前学者探索了团队文化、多样性氛围、团队认同与断裂距离、子团队均衡性、团队威胁、领导行为、过程控制以及外部环境特征等情境因素对信息型断裂与团队过程及产出之间关系的调节作用。例如，贝兹鲁科娃（Bezrukova）等（2012）发现团队-部门结果导向文化一致性能够有效缓解信息型断裂与团队绩效之间的负向关系。闯（Chung）等（2015）发现在团队多样性氛围积极调节作用下，任务相关型断裂能够促进员工忠诚行为。贝兹鲁科娃（Bezrukova）等（2009）则探讨了团队认同与团队断裂距离对信息基础型断裂与团队绩效之间关系的三项调节作用。斯波尔马（Spoelma）和埃利斯（Ellis）（2017）探析了团队威胁在信息型断裂与团队决策质量之间关系中的消极调节作用。国内学者中，屈晓倩和刘新梅（2015；2016b）、卫旭华等（2015）、林明等（2016）以及杨陈和唐明凤（2017）分别探讨了情绪调节策略（屈晓倩等，2015）、团队目标导向（屈晓倩等，2016）、子团队均衡性（卫旭华等，2015）、混合高管权力结构平衡和团队过程控制对任务型/信息认知型断裂与企业/团队创新/创造力之间关系的积极调节作用。除了团队内部因素，还有学者基于权变理论探讨了企业外部环境特征对信息型断裂与企业绩效之间的调节作用。由此可见，信息型断裂与产出之间关系的调节机制研究已经得到学者们的普遍重视和深入探讨，但是依然存在明显不足。如很多调节变量都聚焦于如何消除团队断裂的消极影响，基于"去分类化"（Decategorization）和"再分类化"（Recategorizatiion）原理探讨了团队认同、共享目标的调节作用，却少有学者关注能够有效激发信息型断裂潜在优势的情境因素（闯Chung等，2015）（Chung等，2015）。分类-加工模型（CEM）提出，团队动机是能够有效抑制子团队间偏见，同时激发团队断裂对信息精细化加工及积极产出的重要边界条件，当前研究却普遍忽视了对团队动机，尤其是能够影响团队断裂与信息深度加工过程关系的团队信息加工动机的调节作用的探讨（Van Knippenberg等，2004）。

表2-4还汇总了其他类型团队断裂（如性别断裂和目标断裂等）与团队创

造力之间关系的研究。可以看出，当前学术界对于社会分类型断裂（基于年龄、性别等人口统计属性形成）对创造力和创新影响的看法基本一致，认为社会分类型断裂将通过社会分类过程及子团队间偏见抑制创造力及创新发展。如皮尔萨（Pearsall）等（2008）与斯波尔姆（Spoelm）和埃利斯（Ellis）（2017）发现了被激活的性别断裂能够通过情感冲突和心理安全感对团队创造力产生消极影响（Pearsall 等，2008；Spoelma 等，2017）。杨陈和唐明凤（2017）以及林明等（2016）也发现社会分类型断裂将对企业/科研团队创新绩效产生消极影响（林明等 2016；杨陈等，2017）。此外，埃利斯（Ellis）等（2013）还探讨了非人口统计属性断裂——目标断裂对团队创造性绩效的影响，发现在任务复杂性较高时，团队成员依据工作目标差异而形成的分裂能够通过反思性重构对团队创造性绩效产生积极影响。

第三节 文献述评

依据本章第二节文献综述，当前信息型断裂研究领域现状与不足如下：

（1）信息型断裂与团队创造力之间关系研究尚处于探索阶段，无法得到二者关系定论

目前，随着任务复杂性、不确定性及非常规性的提升，知识团队对创造力的要求越来越高。团队创造力已经成为团队效能产出的核心评价指标之一（马修Mathieu 等，2008）。然而，从文献综述可以看到，当前团队断裂研究中仅有少数学者将团队创造力作为团队断裂的结果变量展开研究。同时，团队创造力研究领域也普遍将单一人口统计属性的离散程度（Dispersion）或加总平均作为影响团队创造力的团队构成前因变量，缺乏对更为复杂的团队构成构念（如团队断裂）的关注与探讨。在少数探讨团队断裂与团队创造力之间关系的研究中也多聚焦于社会类别型断裂，如学者皮尔萨（Pearsall）等（2008）、埃利斯（Ellis）等（2013）、斯波尔马（Spoelma）及埃利斯（Ellis）（2017）分别探究了性别断裂、目标断裂以及身份认同断裂对团队创造力/团队创造性绩效的影响（Pearsall 等，2008；Spoelma 等，2017）。当前，仅有少数学者探讨了任务型/信息认知型断裂与企业创新以及高校科研团队创新绩效/创造力之间的关系，但并未得出一致性研究结论。有学者发现任务型断裂显著促进了创造力与创新（卫旭华等，2015），但也有研究发现二者关系不显著，甚至信息型断裂会抑制创新与创造力（屈晓倩等，2015）。显然，信息型断裂与团队创造力之间的复杂关系仍然有待于进一步

探索和厘清。只有深入探索并研究信息型断裂与团队创造力之间的作用机理，才更利于明晰信息型断裂的积极作用规律，为企业有效管理团队断裂并提高团队创造力提供理论指导。

（2）整合内外部视角以及信息加工过程的中介机制研究处于空白

从文献综述可以看到，当前信息型断裂中介机制研究十分匮乏，且部分研究仍主要基于冲突理论与视角，认为任务冲突、情感冲突以及地位冲突（Status Conflict）是信息型断裂作用于团队产出的重要中介机制。只有少数学者基于信息加工的视角，探究团队反思、信息共享与隐性知识转移在信息型断裂与产出关系的中介效应（杨陈等，2017；屈晓倩等，2016；Yuan等，2012）。可以看出，尽管少数学者开始关注信息加工这一重要的中介机制，但现有研究过于零散且缺乏应有的理论深度，没有将团队信息加工视为一种包含丰富内涵的复杂多维度构念，严重忽视了对反映团队信息加工的核心过程——知识与信息的整合的中介作用——的关注（欣斯 Hinsz，1997）。其次，当前团队断裂中介机制研究普遍将团队视为一种闭合式系统（Cooper等，2014；Bezrukova等，2016），主要探讨团队成员之间的互动与沟通（如团队内部冲突及行为整合）的中介作用，很少整合内外部研究视角，将团队与外部环境或外部利益相关者（包括消费者、各个领域专家、供应商等）之间沟通与互动过程纳入理论研究框架之中。因此，信息型断裂如何通过团队外部过程而作用于团队创造性产出的内在机制仍然未知。学者认为，在企业面临的动态、复杂和多变的竞争环境下，团队不可避免地与外部环境发生互动与交互并对团队效能产生关键影响。只有将团队外部过程提高到与团队内部过程一样重要的高度时，才能全面深入地认识并理解信息型断裂影响团队创造力的复杂过程机制（刘松博等，2014）。因此，基于信息加工和内外部研究视角（Internal and External Perspective）的整合视角展开信息型断裂中介机制研究将有效弥补当前研究的缺陷与不足。

（3）信息型断裂边界条件研究中缺乏对团队动机的关注

依据当前理论与实证研究,信息型断裂对团队过程及产出的影响不确定(Ambivalent Effect)。信息型断裂可能通过社会分类过程对团队产出产生消极影响,也可能通过促进团队信息深层次加工而提升团队绩效、决策质量以及创造力等积极产出。而特定边界条件能够使上述负向作用减弱甚至消失(Homan等,2007),同时激发出信息型断裂的潜在优势。通过文献综述可知,当前信息型团队断裂调节机制研究探讨了领导行为、团队目标特征、团队认同、过程控制等情境因素的边界作用。然而,作为重要的情境因素,团队动机在团队断裂与团队产出之间的边界作用鲜有学者关注。积极的团队动机为成员提供了核心驱动力和团队行为准则及规范(Norms),能够显著影响出现信息型断裂的团队中成员在面对差异化他人(Dissimilar Others)时的认知和信息加工方式以及情感反应等,由此能够有效调节信息型断裂与团队信息加工过程以及效能产出之间的关系。范克尼彭贝格(Van Knippenberg)等(2004)及纪尧姆(Guillaume)等(2015)提出团队动机是未来需要投入更多关注的团队断裂调节机制研究的重点方向之一(Guillaume等,2017;Van Knippenberg等,2014)。亲社会动机与认知动机作为决定团队信息加工相关过程的关键社会与认知因素,预计可对信息型断裂与团队创造力以及团队内外部知识过程之间关系起到重要的调节作用(Guilaume等,2015)。依据对当前文献的综述可知,截至目前,还没有学者将动机性信息加工理论与团队断裂研究相结合,探讨团队认知动机与亲社会动机等信息加工动机(Information Processing Motivation)在信息型断裂与团队过程及产出之间关系中的重要调节作用。

第四节 本章小结

　　本章内容对本研究中涉及到的核心变量相关概念进行了界定，并对相关研究进行了系统综述。可以发现，当前围绕团队断裂的算法、信息型断裂与产出之间的直接和间接关系的研究均得到了一定开展。但是在信息型断裂与团队创造力之间关系研究、整合内外部视角及信息加工/决策制度视角的中介机制以及团队动机的边界作用研究中还存在较大的缺陷与不足。此外，本章还对团队整合能力及外部知识获取与内部知识整合的相关研究进行了系统综述。通过梳理当前研究，发现团队整合能力的前因及结果变量研究都极为匮乏，对团队内外部过程之间关系的探讨也被普遍忽视。通过综述团队认知动机及亲社会动机当前研究发现，目前尚没有学者将动机性信息加工理论与团队断裂研究相结合，探讨团队认知动机与亲社会动机在信息型断裂与团队产出之间关系中的重要调节作用。因此，本研究致力于弥补、完善并发展当前理论与实证研究，并为多元化团队创新管理实践提供关键指导和建议。

第三章

理论模型及研究假设

在第二章理论基础及文献综述的基础上，本章首先识别出团队整合能力以及团队信息加工动机是信息型断裂向团队创造力转化的重要路径和关键情境因素，进而在投入—中介—产出（Input – Mediator – Output）团队效能研究框架下，结合分类—加工模型和动机性信息加工理论构建了本研究的理论模型，最后依据相关理论分析了理论模型中变量之间的关系，并提出了相应的研究假设。

第一节　理论模型提出

知识（Knowledge）、专长（Expertise）与信息（Information）是团队有价值的新想法产生的核心要素（Nonaka 和 Von Krogh，2009；霍弗 Hoever 等，2012；Huang 等，2014）。因此，拥有多元化认知资源的异质性团队预期能够比同质性团队产生更多新颖、有用的创新想法。然而，即使两个团队具有相同的多样性程度，这两个团队的多样性结构（Diversity Structure）也可能存在显著差异。当部分成员共享一个或多个任务相关属性特征时，他们倾向于依据这些共享特征进行社会分类与自我类化（Self-Categorization），从而导致信息型断裂的出现，以及若干彼此异质、相对同质的知识子团队的产生。当前，信息型断裂对团队创造力产生的影响仍然较为模糊，没有得到清晰的理论阐释与实证检验。依据当前相关理论，信息型断裂对团队创造力的影响较为复杂。一方面，基于信息多样性所形成的信息型团断裂能够有效促进信息精细化加工过程，并对团队/组织绩效产生积极影响；另一方面，子团队的形成将凸显子团队认同并导致子团队间偏见，造成团队冲突和团队协作障碍，从而抑制效能产出。因此，信息型断裂究竟何时（When）并如何（How）促进团队创造力成为尚未解决的重要理论与实践问题。本研究将通过中介调节机制交叉融合的研究方法深入、全面、系统地探讨信息型断裂影响团队创造力的作用机制，致力于为这一关键的理论与实践问题提供重要启示。

一、团队整合能力是信息型断裂向团队创造力转化的重要途径

（一）知识与信息整合是信息加工核心过程

类似于个体层面信息加工，团队作为特殊的信息加工者（Group as Information Processor），也在不断进行着对任务相关信息的获取、筛选、共享、整合及利用等一系列信息加工过程，以完成复杂的认知型任务，如判断、决策制定和问题解决等（Hindz，Tindale 和 Vollrath，1997）。图 3-1 展示了团队信息加工模型（Information – Processing Model）。

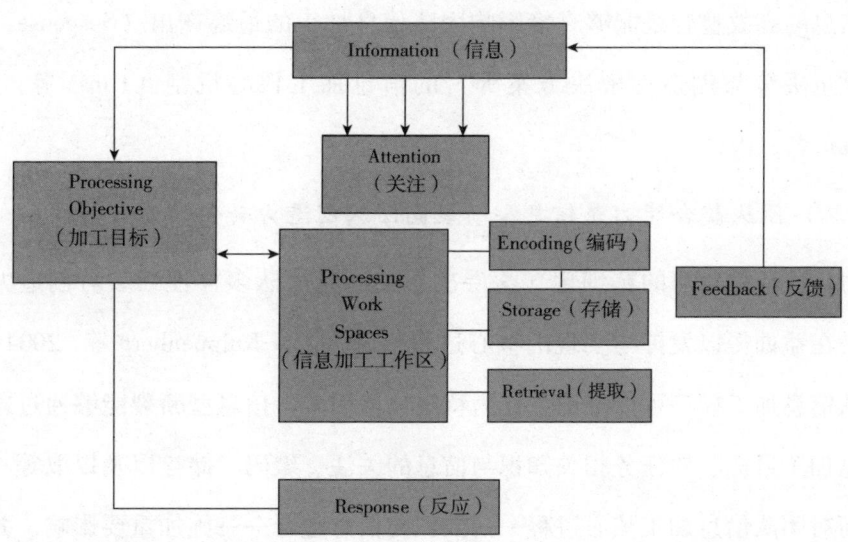

图 3-1　团队信息加工模型（Hindz，Tindale 和 Vollrath，1997）

从模型中（见图 3-1）可知，团队信息加工过程是一个具有复杂内涵的多阶段、多维度构念。首先，团队从环境中获取信息加工目标（Processing Objectives），进而关注（Attention）、编码（Encode）、储存（Storage）并提取（Retrieval）任务相关知识、信息、想法等认知资源。接着，关注、编码、储存以及提取阶段决定了何种信息将依据加工目标进入到加工工作区（Processing Work Space）进行深层次加工和处理，并最终形成信息加工产出（Response）。信息加工工作区（Processing Work Space）构成团队信息加工的核心要素。在该阶段团

队展开对得到关注、记忆并提取的知识和信息的共享、交互、转移和整合，而信息整合（Information Integration）构成信息加工工作区内的核心过程要素。欣兹（Hinsz）等（1997）基于前人研究构建了信息加工元理论（Metatheory）（Hinsz 等，1997；Shiflett，1979），提出与个体信息加工注重多样性和异质性相比，团队信息加工更关注对多元化、异质性观点的一致性整合。团队中的个体贡献（Individual-Level Contribution）如知识、能力和技能等必须通过团队组合过程（Group-Level Combination）——对个体"贡献"的聚合、转换和整合——才能真正形成团队层面知识和产出。因此，团队对个体持有的分散化、碎片式专业知识与信息的高效整合是能够直接影响团队信息加工的最终产出（Sesponse，如团队高质量决策与创造性解决方案等）的信息加工核心机制（Hinsz 等，1997；Tushman 等，1981）。

（二）团队整合能力是信息型断裂向团队创造力转化的关键路径

对任务相关信息的精细化（深层次）加工是团队多样性断裂对创造力和创新的潜在益处得以发挥与实现的核心过程机制（Van Knippenberg 等，2004）。结合团队信息加工模型可以推论，作为特定情境因素，信息型断裂能够通过影响团队信息加工目标、对任务相关知识与信息的关注、编码、储存以及提取等一系列阶段而对团队信息加工核心过程——知识与信息整合——施加重要影响，并最终影响信息加工产出（如团队创造力等）。

① 加工目标。团队往往在同一目标下对任务相关信息进行加工与处理。然而，信息型断裂的出现提升了子团队认同（Subgroup Identification），增加了子团队目标的显著性，由此可能妨碍统一团队信息加工目标的形成，并对后续团队信息加工过程（如知识的获取与整合）产生消极影响。

② 只有被集体关注（Attend to）的信息才能被进一步加工和处理。信息型断裂的产生凸显了差异化知识、信息与观点，同时也增加了知识与信息的冗余度（即同样信息同时被多人占有），使异质性观点更容易在集体讨论中引起其他成

员的注意。然而，社会分类过程导致的子团队偏见也使个体更加重视自身所属子团队贡献的知识、信息和观点而忽视其他子团队的想法，使团队无法对任务相关的全部知识与信息产生足够关注，抑制了知识与信息的整合。

③ 信息编码是指团队对信息的解构（Structure）与阐释（Interpretation）。信息型断裂一方面提升了团队专业化程度，使团队在面临复杂和动态信息时能够快速高效地进行编码，但不同的认知过程和"技术语言"同时也增加了团队对同一任务相关信息产生不同解读的可能性，增加了团队信息编码的复杂性与难度，并进一步影响信息整合。

④ 信息储存。信息型断裂容易激发团队任务冲突，分散团队本应花费在任务相关活动中的精力，使团队信息储存能力得不到完全的发挥与利用。但信息型断裂又会通过促进集体元认知（Meta-Cognition）（如交互记忆系统的发展）而提升任务相关信息的记忆和储存能力。

⑤ 信息提取。信息型断裂一方面促进团队专业化分工，使团队知识和信息元认知得到有效发展，并最终促进团队对多个学科、职能领域专业知识的高效识别和提取；另一方面也可能由于子团队之间缺乏共享知识与信息而抑制信息的回忆（Recall）和提取，阻碍信息整合。

由此可见，信息型断裂作为特定情境（Specific Context），将通过影响信息加工目标设置、对任务相关知识与信息的关注、记忆及提取过程而影响信息加工核心过程——知识与信息整合，并进一步对信息加工产出（团队创造力）产生关键影响。同时，在"研发"向"联发"模式转变的当今企业界，团队不仅需要关注内部知识整合过程，还需要不断获取并吸收团队甚至组织外部的新知识与新技术，即开展外部知识整合过程，才能够真正实现信息型断裂的潜在优势并促进新颖且有用创意和想法的产生。因此，团队整合能力为全面地从信息加工的核心过程——知识与信息整合——探讨信息型断裂影响团队创造力的中介机制提供了重要理论视角。基于知识基础观，团队整合能力包含外部整合能力与内部整合能力两个核心维度，分别由外部知识获取和内部知识整合反映（Henderson，1994；Verona，1999；Mitchll，2006）。通过以上基于团队信息加工模型展开的分析可知，出现信息型断裂的团队将通过影响团队对内外部任务相关知识与信息的关注、编码、记忆和提取等过程而对外部知识获取和内部知识整合产生重要影响，同时，该影响呈现出显著的"双刃剑"效应，是有条件的（Conditional）。例如，信息型断裂既可能通过冲突削弱团队对信息的记忆和提取能力，也可能通过交互记忆系统促进团队对信息的记忆与储存，从而对知识整合过程同时产生正向促进和负向抑制两种作用。因此，信息型断裂对团队整合能力以及团队创造力的积极效应只在特定情境因素下才能被激发。在面临动荡、复杂的外部环境的知识团队中，提升团队内外部整合能力，将分布式的多领域专业化知识进行高效获取和整合是促进团队以不循常规的方式解决问题、产生兼具新颖与有用性的创新想法的重要过程。因此，本研究提出，在特定情境因素调节作用下，团队整合能力（外部知识获取和内部知识整合）是能够将信息型断裂所带来的丰富认知资源、社会资本以及结构优势转化为团队创造力的核心过程。本研究整合信息加工以及内外部研究视角（Internal and External Perspective），将构成团队整合能力的过程要素——外部知识获取与内部知识整合同时纳入理论研究模型，提出信息型断裂影响团队创造力的知识"双通道"中介机制。

二、团队动机是信息型断裂向团队创造力转化的关键情境因素

通过第三章第一节的分析可知，积极情境因素是削弱信息型断裂对信息加工过程的消极影响，激发信息型断裂利用丰富认知资源与子团队结构优势促进团队整合能力（外部知识获取和内部知识整合），并进而提升团队创造力的关键。由于可能激发冲突、敌视与子团队间偏见，出现断裂的多元化团队将极大削弱团队动机，抑制团队成员获取、共享、整合和利用异质性知识、信息与技能的意愿与行为（Drach-Zahavy，2001；Van Knippenberg 等，2004；Ren 等，2015）。因此，在出

现断裂的团队中引入高水平动机能够从本质上影响团队信息加工方式并改善动机匮乏的现状，从而有效调节信息型断裂与团队整合能力及创造性产出之间的关系。然而，当前团队断裂调节机制研究中对于能够直接影响团队断裂与信息加工过程之间关系的团队动机的探索与发掘极度匮乏（Van Kippenberg 等，2004；Guillaume 等，2017）。动机性信息加工理论（MIP-G）为弥补这一研究的不足提供了理想视角。MIP-G 提出，团队对信息的获取、扩散与整合过程受到两类特殊动机要素的影响：认知动机及社会动机。团队认知动机反映了团队信息加工深度（Depth），认知动机越高，越倾向于对当前环境（包括任务和待解决问题）形成深入（Thorough）、丰富（Rich）及准确（Accurate）的认知。而社会动机则被定义为团队成员对利益分配的倾向，在信息加工过程中影响信息加工的偏好（Bias）。当团队具有亲社会动机时，团队成员关心集体收益并注重公正、公平。而团队具有利己动机时，则成员只关心个人利益并强调竞争。团队认知动机与社会动机的不同水平的组合将会对团队信息加工及团队产出施加重要影响。如高水平认知动机与亲社会动机的组合将会有效促进团队信息扩散与整合，促进合作式谈判，提升团队决策质量与创造力。高度认知动机与利己动机的组合将造成团队成员操控信息、忽视他人观点和鼓吹自身观点（Advocacy）等，抑制对任务相关信息的准确和深入加工，并对谈判和决策质量产生消极影响。低认知动机与亲社会动机的组合将使团队采用"一致即正确"（Consensus is Correctness）原则达成决策，使团队无法对异议和少数人持有的观点进行全面加工与探讨。而低认知动机与利己动机的组合则会造成团队社会惰性和"搭便车"行为，对团队信息加工过程及产出的消极影响最大。

当前，学者不断拓展动机性信息加工理论、认知动机及亲社会动机的研究深度与范围，将动机性信息加工理论与团队效能理论、团队多样性以及团队情绪等研究领域相结合，探索团队认知动机和亲社会动机的调节作用以及对团队过程和产出的直接影响。例如，范克里夫（Van Kleef）等（2009）将团队认知动机与情绪理论相结合，发现在面对领导所展示的积极和消极情绪时，团队认知动机能够显著影响成员对领导情绪中所传达的信息成分和情感成分的关注。认知动机高时，成员关注领导情绪中的信息成分；认知动机低时，成员往往关注领导情绪中的情感成分（Kleef 等，2009）。科尔尼（Kearney）等（2009）则将团队认知动机与团队多样性研究相结合，发现团队认知动机能够有效调节团队多样性与信息精细化加工、团队集体认同及团队绩效之间的关系（Kearney 等，2009）。格兰特（Grant，2008）则将亲社会动机与内部动机及创造力研究相结合，发现亲社会动机能够显著积极调节内部动机与创造力之间的关系。而基于团队效能理论，胡Hu 和利登（Liden，2015）发现团队亲社会动机能够通过团队涌现状态—团队活力以及团队过程—团队合作对团队效能产出（团队离职行为、组织公民行为及团队绩效）产生显著影响（Hu 等，2015）。截至目前，尚未有学者将动机性信息加工理论与团队断裂领域研究结合，探索团队认知动机与亲社会动机在信息型断裂、团队整合能力及团队创造力之间关系中的重要调节作用。

本研究提出，团队认知动机及亲社会动机是决定信息型断裂能否通过团队整合能力向团队创造力成功转化的重要情境因素。团队认知动机和亲社会动机将通过影响信息型断裂与信息加工目标以及信息关注、记忆、储存及提取等过程的关系而对"信息型断裂—团队创造力"以及"信息型断裂—团队整合能力"作用关系产生显著调节作用。当团队具有较高亲社会动机时，团队认同及信任的提升能够有效改善子团队间敌对与竞争关系，改善具有差异化背景的成员之间互动期望模式以及团队对任务相关信息的关注、编码、提取等加工和处理过程，对"信息型断裂—内部知识整合"作用关系产生显著影响。而且，团队亲社会动机还能够通过提供关键的他人聚焦导向（Other-Focused Orientation），促进团队对外部知识与信息的关注、编码与储存和提取，从而对信息型断裂与外部知识获取之间关系产生影响。而团队认知动机则可通过为团队提供关键的外部导向（External-Oriented Motivation）以及激发"多样性价值"观念（Valuein Diversity）等对

"信息型断裂—团队整合能力"以及"信息型断裂—团队创造力"作用关系产生重要影响。此外,依据 MIP - G 可知,团队认知动机及亲社会动机分别影响信息加工过程的不同方面。其中,认知动机影响信息加工深度,而亲社会动机则影响信息加工偏好。因此,当团队仅具有高认知动机或者亲社会动机时,对团队信息加工过程将产生一定阻碍,使得信息型断裂对团队整合能力以及团队创造力的积极效应无法得到完全发挥。而当团队同时具有高认知动机和亲社会动机时,能够消除高认知动机与低亲社会动机以及低认知动机与高亲社会动机的结合对信息加工的阻碍,从而促进信息型断裂与团队信息深层次加工之间的关系(Nijstad 等,2012;De Dreu 等,2008)。因此,团队认知动机与亲社会动机的交互预计也能够对"信息型断裂—团队整合能力"以及"信息型断裂—团队创造力"作用关系起到重要调节作用。本研究将首先探讨团队认知动机和亲社会动机在"信息型断裂—团队创造力"和"信息型断裂—团队整合能力"作用关系中的调节作用(两项交互调节效应),进而探讨二者交互对上述作用关系所产生的调节效应(三项交互调节效应),并通过斜率差值比较法分析和明确团队认知动机与亲社会动机在何种水平时能够最大程度上促进信息型断裂对团队整合能力以及团队创造力的积极影响。

三、理论模型的构建[①]

本研究将通过中介调节机制交叉融合的方式深入、全面地探讨信息型断裂何时以及如何影响团队创造力的作用机理。由于本研究理论模型中包含团队外部过程(外部知识获取),而分类-加工模型仅聚焦于团队内部机制的探讨,因此无法为本研究的理论模型提供整合式框架支持(Van Knippenberg 等,2004)。投入—中介—产出团队效能框架(Input - Mediator - Output Team Effectiveness Framework,IMO)作为团队研究领域中统领式理论框架之一,能够为同时包含团队内

[①] 理论模型构建相关成果已发表在《Group& Organization Management》。

外部过程，且要素之间关系具有情境依赖性的理论研究模型提供有力的整合式框架支撑（Gladstein，1984；Cohen 和 Bailey，1997；Choi，2001；Mathieu 等，2008；Choi 和 Sy，2010）。依据第三章第一节和第三章第二节的分析可知，信息型断裂—团队整合能力—团队创造力作用链条的成立是有条件的，存在极大的情境依赖性。因此，本研究识别出团队认知动机及团队亲社会动机作为边界条件，提出信息型断裂通过团队整合能力对团队创造力所产生的影响取决于团队认知动机及亲社会动机水平。首先，作为汇编式（Compilational）团队构成投入的信息型断裂为团队效能产出—团队创造力提供丰富的认知资源、社会资本以及子团队结构（Gladstein，1984；Mathieu 等，2008），能够在团队认知动机及亲社会动机的调节作用下直接影响团队创造力。其次，在团队认知动机及亲社会动机的调节作用下，丰富认知资源、社会资本以及子团队结构能够影响和塑造（Shape）团队内部成员之间以及团队与外部环境中利益相关者之间的知识交互机制—团队内外部知识过程（外部知识获取与内部知识整合）。团队内外部知识过程作为与团队效能产出关系更近（Proximal）、预测效力更强的前摄变量能够对团队创造力产生直接影响。因此，在团队信息加工动机的调节作用下，信息型断裂除了对团队创造力产生直接影响，还能够通过内外部知识过程间接影响团队创造力。

由此，在 IMO 团队效能研究框架下，整合分类－加工模型（CEM）及动机性信息加工（MIP－G）理论，本研究将信息型断裂作为构成投入，外部知识获取与内部知识整合作为中介过程，团队创造力作为效能产出，团队认知动机及亲社会动机作为边界条件，提出在团队认知动机及亲社会动机的调节作用下，信息型断裂能够直接和间接通过团队整合能力（外部知识获取、内部知识整合）的中介作用对团队创造力产生重要影响。此外，理论模型中还包括外部知识获取与内部知识整合之间关系的探讨，以及团队认知动机与亲社会动机的交互在"信息型断裂—团队整合能力"以及"信息型断裂—团队创造力"作用关系中的调节作用（三项交互调节效应）。

本研究的理论研究模型如图 3-2 所示。

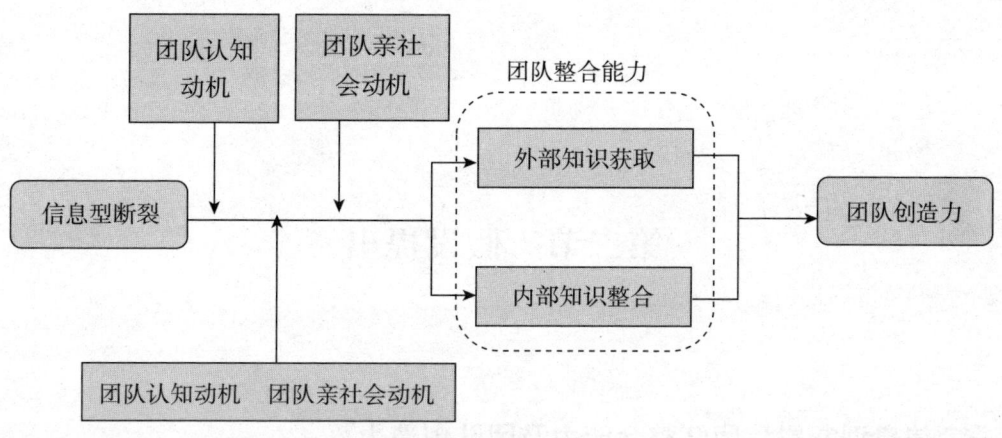

图 3-2　理论研究模型

第二节　假设提出

一、信息型断裂、团队整合能力及团队创造力[①]

依据当前少数涉及团队断裂与团队创造力之间关系的文献可知，信息型断裂对团队创造力的影响仍未得到清晰阐释。一方面，多重信息型属性的一致性联合使成员之间的差异性和相似性都更为凸显，从而引发社会分类过程，促进内部子群的形成。同质性互动模式（Homophilous Interaction Pattern）使成员倾向于与具有相似背景和观点的子团队内成员沟通，各个子团队都仅倾向于搜集能够佐证自己原有观点的论据，将会使子团队观点更为极端，从而导致子团队极化（Polarization）。由于团队创造性想法的涌现源于成员对异质性看法与观点的关注以及不同观点之间的交叉融合与彼此增进，子团队极化将严重抑制团队创造力的提升。然而，也有越来越多的学者认为，信息型断裂的存在能够将丰富的知识资源和职能经历转化为高效决策和优秀产出。如尼西（Nishii）与贡卡洛（Goncalo）（2008）提出信息型断裂将拓宽团队现有知识库，而多领域专业知识是促进创造力的核心要素之一。其次，团队创造力的涌现需要成员在感知到心理安全的情况下自由地表达想法，并关注、接纳、整合及发展他人异质性观点。研究发现，子团队支持使成员更倾向于发表不同观点。而且，在较强团队断裂中成员非常容易

[①] 该理论论述部分相关成果已经发表在《管理科学》以及《Group & Organization Management》等期刊。

分辨出"圈内人"和"圈外人"。由于个体更能接受来自于差异化他人的分歧观点，强断裂将促进多元化观点的表达和交叉增进（Cross-Fertilization），从而促进创造性想法的涌现。

信息型断裂对外部知识获取的影响也同时存在正向促进和负向抑制两种机制。一方面，信息型断裂的形成基于信息型多样性（Variety），即反映个体在知识、信息和经验或经历方面差异的属性或特征（哈里森 Harrison 和克莱因 Klein，2007），意味着团队能够与企业内外部多个职能和学科领域构建起异质性知识网络，有助于团队接触独特知识源，获取先进技术知识以及最新市场动态和资讯（Reagans 和 Zuckerman，2001；Reagans 等，2004）。而且，信息型断裂这种冗余异质性（Redundant Heterogeneity）避免了团队成员的彼此同化，维持了团队社会网络的异质性与独特性。此外，知识、信息与技术发展呈现多维度、复杂性特征。在缺乏子团队支持的情况下，单个成员仅凭一己之力开展的外部知识获取行为往往缺乏深思熟虑和战略性，也难以对知识的性质及含义形成准确理解和把握，不利于对新知识的深度获取和吸收。而通过深化团队专业认知分工，借助子团队成员的通力合作，团队对复杂环境产生更为有效的应对机制，制定更为准确、高效的市场信息及技术知识获取策略，对知识的性质和含义的领悟也更为深刻，吸收更加高效。库珀（Cooper 等，2014）提出，出现知识共同体的团队作为包含若干彼此具有弱连接的相对同质单元的系统，增强了团队吸收能力，使团队具备快速、有效应对复杂外界环境的优势。但另一方面，汉森（Hansen，2005）发现团队内部网络密度越高，网络强度越大，团队跨越边界从外部渠道搜寻并获取知识的意愿就越低。可以推断，当知识子团队形成时，子团队认同更为显著，共同的技术语言、认知框架以及较低的知识和信息搜寻及获取成本都使成员更愿意从同属于一个子团队的专家处获取任务相关知识和咨询，而非外部渠道。同时，外部知识获取伴随着较高风险。例如，由于"非此处产生"综合征（Not Invented Here，NIH），成员往往以怀疑眼光看待从外部获取的新知识。这种怀疑或不信任使跨界者（Boundary‐Spanner）展开外部学习的倾向被极大削弱（Bresmann 和 Zeller‐bruhn，2013）。而由于子团队间的固有偏见、信任缺失以及成员对不同领域或专业的不熟悉，外部获取新知识成为出现信息型断裂的团队中更具人际风险的行为。因此，虽然信息型断裂能够帮助团队构建多样性外部知识网络并增强团队对复杂知识、信息与技能的吸收能力，但子团队的出现及子团队偏见的产生也会削弱团队开展外部知识获取的动机和行为。

依据分类‐加工模型可知，信息型断裂对内部知识整合也将产生"双刃剑"效应。一方面，与社会类别属性特征一样，信息型属性如任期、教育及职能背景也能够激发社会分类过程，使团队分裂为若干知识子团队。知识子团队加深了团队专业化程度，不同子团队具有差异化的"思维世界"、认知图式以及技术语言。这些差异会导致团队任务表征分歧（Task Representational Gaps），即成员在面对同一任务或问题时无法产生相同的阐释和解读，严重阻碍团队知识共享和整合等信息加工过程（Cronin 和 Weingart，2007；Cronin 等，2011）。此外，不同职能或教育领域之间存在天然偏见与刻板印象，在自我增进动机（Self‐Enhancement Motivation）驱使下，个体倾向于高估子团队内部成员所拥有的知识，同时低估或贬低来自其他子团队的专业知识与想法，阻碍团队对异质性知识与信息的整合。但另一方面，团队内部围绕职能、教育背景所形成的信息型子团队将为成员提供"共同体效应"（Cohort Effect），即当成员感知到至少有其他一个成员与自己持相同观点时，将更加勇于提出分歧意见和表达独特看法。共同体效应将促使团队探讨全部替代方案，有助于不同领域知识与信息的共享与整合。其次，信息型子团队的形成使成员围绕职能、专业领域形成专业化分工。知识的不可见性（Invisible）使得团队内部知识搜寻和转移耗费了大量时间和精力。而子团队的形成将为不同认知资源贴上"标签"（Label），使成员按图索骥，使员工能够快速定位、搜寻到所需知识载体，极大地促进了团队不同知识元素间的重新组合和协调利用。此外，有学者认为信息多样性导致了团队共享心智模型的缺失，加大了知识整合难度。知识子团队（基于信息多样性）的存在能够弥补上述不足。信息型断裂强度越高，子团队内部认知模式越相似。因此，团队在达成决策前首先能够达成子团队内部观点一致性，有助于不同领域知识的共享及整合。

通过以上分析可知，信息型断裂对团队创造力及团队整合能力可能同时存在正向促进和负向抑制机理，因此，理解信息型断裂与团队整合能力以及团队创造力之间关系的关键在于对能够"负向规避"信息型断裂消极作用并"正向强化"其积极效应的情境因素的识别与挖掘。本小节对信息型断裂正负效应的论述为分析团队认知动机和亲社会动机的调节作用提供了重要基础。

二、团队认知动机的调节作用

（一）团队认知动机对信息型断裂与团队创造力关系的调节作用

本研究提出，团队认知动机将积极调节信息型断裂与团队创造力之间关系。认知动机与认知创新性（Cognitive Innovativeness）以及对模糊的容忍度（Tolerance of Ambiguity）呈高度相关关系。因此，在高度认知动机的驱动下，团队将会以创造性的方式将来自不同子团队的专业化知识、信息与观点进行整合，该过程使不同范畴的知识、认知方式相互结合的概率增大，提升团队以不循常规的方式思考问题和作出决策的机会和可能性，从而有助于团队充分利用信息型断裂所带来的丰富认知资源促进新颖有用想法的涌现。而且，拥有较高认知动机的团队享受高强度的认知活动。在面对不同子团队所提出的分歧观点和异议时，拥有较高的认知动机的团队不急于快速达成一致性决议，而是通过充分的认知活动和认知努力（Cognitive Effort）对任务相关的知识与信息以及全部替代方案（Alternative）进行深度考察和探讨，从而提升团队从不同子团队提出的多元化观点中发现最具创造性的观点和问题解决方案的概率和可能性。

然而，当团队认知动机较低时，团队对模糊状态和不确定性的容忍性下降，与团队当前主流看法相左的异议变得难以容忍和接受，团队将信息型断裂所引发的对多元化观点和视角争辩和讨论视为阻碍团队达成一致性决策的障碍。而且，认知创新度的下降导致团队很难打破常规，以新颖视角看待当前任务或问题，使信息型断裂带来的丰富认知资源无法用以团队创造力的提升。此外，偏见与刻板印象成为子团队成员之间互动的首要评判标准，导致不同子团队的知识和观点不但无法得到创造性关联，反而成为激发团队人际和情感冲突的来源，抑制了团队创造力（Pearsall 和 Ellis，2008）。

假设 1：团队认知动机积极调节信息型断裂与团队创造力之间的关系。

（二）团队认知动机对信息型断裂与外部知识获取关系的调节作用

依据第三章第二节内容可知，信息型断裂虽然能够为外部知识获取提供资源和能力，但子团队的存在又会在一定程度上抑制团队利用这些资源和能力的意愿。本研究提出，团队具有较高认知动机时，信息型断裂对成员外部导向动机的削弱作用将被缓解，对外部知识获取的积极促进作用将会得到激发。

首先，依据充足性原则（Sufficiency Principle）可知，高认知动机将促使团队全面考虑当前任务或问题的复杂性（Complexity），提升团队知识充足性阈值（Sufficiency Threshold），即使团队感知到现有知识储备不足以完成当前任务或解决问题，从而激发员工从企业内外部多种渠道深入挖掘与当前任务、问题相关的知识与信息来完成任务或提出问题解决方案，而不是仅仅满足从同属于一个子团队的专家处获取知识与信息。而且，当团队内部任务冲突无法解决时，认知动机会激发团队成员跨越边界获取新知识、新信息以及新视角来解决当前无法调和的冲突。此时，信息型断裂所构建的外部社会网络和团队增强的吸收能力将有助于团队从多个外部渠道获取知识、观点和视角。此外，外部知识获取包含较高风险，但是当团队具有高度认知动机时，对当前任务和环境形成准确认识的渴求超过了对风险的恐惧和担忧（如来自其他子团队的批评和误解），成员将会积极利用信息型断裂所带来的多元化社会和知识网络以及增强的吸收能力来展开外部知识获取。

而当团队具有较低认知动机时，信息型断裂将对外部知识获取将产生消极影响。较低的认知动机意味着团队成员认知闭合（Need for Cognitive Closure）需求的提升以及充足性阈值的下降。在出现信息型断裂的团队中，认知闭合需求的增加使得信息型断裂对外部知识获取的积极效应不但无法实现，子团队之间信任感和归属感的下降更是造成成员对跨界行为所隐含的风险更为敏感。例如，由于感知到可能来自其他知识子团队成员的批评及误解，具有较低认知需求的团队将不会花费额外时间与精力去利用信息型断裂带来的丰富外部知识网络和增强的吸收能力展开外部学习活动。

假设2：团队认知动机积极调节信息型断裂与外部知识获取之间的关系。

（三）团队认知动机对信息型断裂与内部知识整合关系的调节作用

依据第三章第二节分析可知，信息型断裂既能够通过共同体效应促进知识整合，也将通过造成任务表征分歧等抑制知识整合。本研究提出，团队认知动机能够正向地调节信息型断裂与内部知识整合之间的关系。

首先，较高的认知动机减少员工进行选择性信息加工的倾向，使成员以深入、系统、全面而非片面、直觉式和表层化的方式来处理信息。依据偏见及刻板印象展开人际互动和价值判断是一种典型的依靠直觉而进行的选择性（Selective）信息加工方式。因此，在存在信息型断裂的团队中，较高认知动机会削弱成员以刻板印象来判断差异化他人的倾向，从而削弱子团队间偏见对团队信息加工过程所带来的消极影响。例如，认知动机的提升会减少成员对来自其他子团队的分歧观点的抵触情绪，使团队成员采取开放态度（Open - Mindedness）听取不同意见和建议以及共享、交换并探讨差异化知识、观点和信息，从而促进了信息的深度加工及整合。而且，认知动机能够提升团队成员学习新知识与新思维方式的意愿以及加工和处理更广范围知识与信息的动机。在该动机的驱使下，成员会将信息型断裂所带来的不同知识、信息和观点、视角视为能够满足其高度认知需求的有价值资源，激发"多样性价值"观念，从而主动进行团队学习，子团队间认知差异产生的沟通障碍会被克服，有助于不同知识领域之间的整合。认知动机的提升还会使成员主动寻求挑战，将对不同领域新知识的探索以及信息型断裂所激发的争辩和冲突视为对当前任务形成准确和全面认识的重要途径，从而能够积极促进信息型断裂与异质性认知资源整合和利用之间关系。

而当团队认知动机较低时，成员会倾向于以快速、无需费力的启发式认知方式作为判断基础。因此，在存在信息型断裂的团队中，较低的认知动机使成员倾向于依据消极刻板印象（Negativestereotype）进行价值判断和信息加工，从而使成员不易信任和接受来自其他子团队和其他领域的知识和信息，抑制了多元化认知资源的整合（Schalk 等，2010）。同时，在团队认知动机较低的情况下，成员处理信息型断裂所激发的团队冲突时往往关注其中传递的情绪和情感要素而非任务相关信息，使有价值的异质性观点和视角被忽视，消极影响信息型断裂与知识整合和利用过程之间的关系。

假设3：团队认知动机积极调节信息型断裂与内部知识整合之间的关系。

三、团队亲社会动机的调节作用

（一）团队亲社会动机对信息型断裂与团队创造力关系的调节作用

依据第三章第一节内容可知，信息型断裂所带来的异质性认知资源只有被充分地交换、整合与利用才能促进团队创造性想法的产生与发展。然而，信息型断裂引发的社会分类过程以及不同知识子团队之间存在的偏见和子团队极化等可能会严重抑制团队对任务相关的多元化知识与信息的共享和加工。在高水平团队亲社会动机影响下，子团队间人际关系将得到改善，信息型断裂带来的异质性认知资源能够被充分利用并最终促进团队创造力的产生。

格兰特（Grant，2008）以及胡（Hu）和利登（Liden）（2015）认为，在工作背景下，最为常见的亲社会及利他行为就是获取较高的个体/团队绩效。如在新产品开发团队中，通过团队成员通力合作成功研制或开发出具有高度原创性，又具实用性的新产品或新服务是获取团队高绩效的标准或前提。因此，具有高度亲社会动机的团队将会在新产品开发等活动中积极利用信息型断裂提供的多领域、专业化知识和信息，以尽可能地促进创新想法的涌现以产生对他人（团队、消费者和顾客等）有益的结果（新颖、有用的创新产品）。同时，在高度的亲社会动机氛围下，团队整体的认同感和信任感增强，有效抑制了子团队之间的偏见与歧视——来自不同专业和职能背景的成员之间在互相了解之前可能对对方的专业与职能存在着一定的偏见，并过分高估自己所拥有的知识和技能（Horsey 和 Hogg，2000）。在团队亲社会动机影响下，成员间将会打破隔阂充分沟通，营造公平氛围，对来自其他子团队的意见给予充分重视，并充分考虑并接受来自其他子团队的差异化观点，从而促进多元化思维的交叉增进以及创造力的提升。而且，团队亲社会动机还能够通过观点采择（Perspective Taking），使成员在利用丰富认知资源产生新想法的时候能够充分考虑到新想法的有用性，从而积极影响信息型断裂与团队新颖、有用想法的产生之间的关系（Grant 和 Berry，2011）。

然而，当团队亲社会动机低时，团队成员往往目标分散，多考虑自身利益而非集体利益，因此很难通过团队合作而协同利用信息型断裂所带来的丰富认知资源促进集体创造力的提升。而且，虽然团队拥有多领域专业化知识与技能，能够保证创新想法的新颖性，但是亲社会动机的匮乏极有可能通过抑制观点采择而造成新想法的有用性下降（如没有考虑到消费者的需求和偏好等），使信息型断裂对团队创造力的积极影响无法得到完全发挥。

假设4：团队亲社会动机积极调节信息型断裂与团队创造力之间的关系。

（二）团队亲社会动机对信息型断裂与外部知识获取关系的调节作用[①]

依据第三章第二节内容可知，虽然信息型断裂能扩展团队外部社会与知识网络，增强团队吸收能力，知识子团队的产生也会显著抑制团队利用这些资源和能

---

① 该假设成果已经发表在《Group& Organization Management》。

力的动机。本研究提出，团队亲社会动机能够积极调节信息型断裂与外部知识获取之间的关系。

依据动机性信息加工理论和社会－调节认知假设（Social – Tuning Epistemic Hypothesis）可知，团队亲社会动机会驱使员工关注、加工并沟通和传递那些能够增进集体利益的信息。因此，高度亲社会动机有助于团队将其认知过程转向在特定工作环境下的最为关键的成功准则或标准，进而促进这样一种团队共享认知的形成：达到团队成功标准需要哪些工作以及何种措施和行为能够有效保证工作目标的达成。在知识型团队如研发和新产品开发团队中，最核心的成功标准就是新颖和有用的有关产品、服务和流程创造性想法的质量和数量，而不断地进行外部学习，获取任务或项目相关的前沿知识、技术和资讯是团队新颖和有用想法产生的关键前提。如 Zeller – Bruhn（2013）认为，如果不能将当前行业中最新的前沿技术及市场信息纳入新产品、新服务或新流程的开发过程当中，那么所谓的"新"产品、"新"服务或"新"流程将会受到质疑和挑战。因此，在研发、设计等知识团队中，具有高度亲社会动机的团队将会认识到外部知识获取的重要性，从而积极利用信息型断裂所带来的外部知识网络和增强的团队吸收能力来促进外部知识获取。也就是说，当知识型团队具较高亲社会动机时，"通过努力使他人获益"的意愿会使原本倾向于从同属一个子团队的其他成员处获取知识或信息的成员克服其自身认知惰性，转而通过努力从外部渠道去获取与任务相关的行业内最新的技术及市场知识和信息。此时，信息型断裂将不再阻碍成员外部知识获取意愿和动机，反而能够通过丰富的、非冗余的多样性外部知识网络和子团队结构所带来的增强的团队吸收能力促进团队外部知识的获取。

此外，亲社会动机将促进团队成员的亲社会行为，如积极回应他人的需求并容忍他人的失败和错误。这些行为将会促进子团队成员之间的相互理解、相互包容、相互信任以及共享心理安全感知（Psychological Safety）的形成。此时，员工认为团队作为整体是鼓励并包容高风险行为的（Bechtoldt 等，2010；De Dreu 和

Nauta，2009）。这种安全心理感知有助于减轻或消除当成员开展外部知识获取互动时，对于来自具有不同知识背景的其他子团队成员的误解、批评甚至对责难的担忧和恐惧。此时，信息型断裂对团队开展外部知识获取活动动机的消极影响将被削弱甚至抑制。而且，由于团队亲社会动机促进心理安全氛围的形成，团队将成为"安全港湾"（Safeharbour），促使成员利用信息型断裂所带来的多样化外部知识网络和增强的吸收能力来开展外部知识获取和外部学习（Edmondson，1999；2014）。而且，关心他人利益这一动机能够使团队更多考虑外部利益相关者的需求和偏好，增进人际关系，使团队从外部转移和获取隐性知识时的效率更高，使信息型断裂对外部知识获取的潜在优势得到进一步发挥。

而当团队亲社会动机较低时，团队成员很可能不会主动利用团队丰富社会资本从外部渠道去获取对集体有益的新知识和新信息。此时，子团队内部知识在定位、搜查和获取等方面的便利性使信息型断裂抑制了团队成员向外部寻求新知识与信息的动机和行为（Cronin等，2011）。此外，信息型断裂出现所导致的团队心理安全氛围的缺失以及子团队之间较低信任感和消极偏见都会使信息型断裂外部知识获取的积极效应不但无法实现，还使成员担心跨界活动所带来的人际风险，抑制团队外部导向动机。

假设5：团队亲社会动机正向调节信息型断裂与外部知识获取之间的关系。

（三）团队亲社会动机对信息型断裂与内部知识整合关系的调节作用[①]

依据第三章第二节内容可知，信息型断裂既可能通过子团队结构优势（如共同体效应和交互记忆系统的发展等）促进内部知识整合，也可能通过子团队间偏见及任务表征分歧抑制团队对信息的深度加工。本研究提出，团队亲社会动机能够积极调节信息型断裂与内部知识整合之间的关系。

首先，信息型断裂的出现以及子团队的形成有助于团队成员主动参与团队讨

---

① 该假设相关成果已经发表在《Group& Organization Management》。

论并表达独特观点。当差异化的观点、视角或者看法呈现在团队决策过程中时，任务冲突——由于任务相关的观点或视角的矛盾所引发的团队内部争论或冲突——发生的概率将显著增加（Choi 和 Sy，2010；Farh，Lee 和 Farh，2010）。而冲突处理方式对于出现断裂的团队中信息深层次加工过程具有极大影响。在团队具有较高亲社会动机时，成员能够认识到当其他成员提出任务相关问题的异议时，他们是在尽最大努力来帮助团队成功完成任务从而实现集体利益的最大化，此时，团队将以合作式冲突管理方式解决任务冲突，使其免于恶化为为情感或人际冲突。团队成员将以开放和合作式的态度讨论差异化的观点、视角或看法，对他人提出的异质性观点也更能够深入思考并接受，多个职能或专业领域的知识、信息与观点由此得到了全面和深入的整合。其次，亲社会动机使员工关心他人的利益与福利（Well-being），并进而促进一系列亲社会利他行为的出现，有助于子团队之间形成友谊连接（Bridging Friendship Ties），即跨越子团队边界的积极情感表达。跨越子团队边界的友谊能够有效改善子团队间偏见并构建积极人际关系，提升成员归属感和团队信任感。此时，团队成员将打破同质性互动格局，积极地与具有差异化职能或专业背景的成员间进行互动、交流与沟通，团队成员也更愿意接受来自其他子团队的分歧观点和看法，从而促进知识整合。最后，团队亲社会动机能够有效缓解信息型断裂通过任务表征分歧对知识整合产生的消极影响。任务表征分歧产生的根源在于具有不同专业及职能背景的成员之间共同知识基础（Common Ground）的匮乏，而帮助他人学习是利他行为中的重要组成要素。在亲社会动机的驱使下，成员会自愿花费额外时间和精力将观点中所涉及到的专业化知识、信息或技能与其他团队成员共享，增强他人对差异化观点的认同与理解。由此，团队成员获取了理解差异化观点和认知方式所必须知识基础，削弱了任务表征分歧对不同领域知识和观点在团队内部的共享和整合的抑制作用，从而促进了信息型断裂与内部知识整合之间关系。

然而，当团队亲社会动机水平较低时，子团队间偏见与信任及认同程度的下降容易会使信息型断裂激发的任务冲突恶化为情感冲突，使成员将精力集中在解决人际矛盾上，严重阻碍了任务相关信息的深度加工和整合。此外，亲社会动机越低，团队利己动机就越高。利己动机将进一步加剧子团队之间的对立和竞争，使子团队之间很难主动共享专业领域的核心知识和技能，造成团队知识隐藏和知识囤积，使得信息型断裂造成的任务表征分歧难以弥合，从而抑制了不同领域知识的高效整合。

假设6：团队亲社会动机积极调节信息型断裂与内部知识整合之间的关系。

四、团队认知动机与亲社会动机交互的调节作用

依据假设1至假设6可知，团队认知动机与团队亲社会动机能够分别对信息型断裂与团队创造力、外部知识获取以及内部知识整合之间的关系产生积极调节作用。团队认知动机和亲社会动机之间成正交关系（Orthogonal），即团队可以同时存在认知动机和亲社会动机。依据动机性信息加工理论，当团队同时具有高认知动机与亲社会动机时，能够最大程度上促进信息深度加工，而高认知动机低亲社会动机或高亲社会动机低认知动机以及低认知动机低亲社会动机的组合将会对信息加工过程产生一定阻碍。可以推论，高认知动机与高亲社会动机的组合能够最大化激发信息型断裂对团队创造力以及团队整合能力的积极效应。本研究将进一步探讨团队认知动机和亲社会动机的交互在"信息型断裂—团队创造力"以及"信息型断裂—团队整合能力"作用关系中的调节作用。

（一）团队认知动机和亲社会动机的交互对信息型断裂与团队创造力关系的调节作用

本研究提出，团队认知动机与亲社会动机的交互能够积极促进信息型断裂与团队创造力之间的关系。尼西和贡卡洛（Nishii 和 Goncalo，2008）提出，出现多元化断裂的团队中能否产生数量较多的创造性想法并最终形成真正的团队创造力取决于两个条件：首先，团队成员是否愿意展示他们的多样性想法；其次，这些

想法是否能够被团队进行深入、全面探讨并发展出最具创造性的想法（Nishii 等，2008）。由于共同体效应和子团队支持（subgroup Support），出现信息型断裂的团队中成员不会过度担心来自他人的负面性评价，并更加勇于表达独特观点。然而，自我增进动机以及子团队之间的天然偏见也可能增加独特观点被忽视和低估的可能性，抑制团队创造力的产生（Hogg 等，2000）。当团队同时具有较高认知动机和亲社会动机时，信息型断裂对团队创造力的积极影响会被显著增强，消极影响会被削弱甚至消除。当团队具有较高亲社会动机，团队会对错误更加容忍，不轻易对他人观点作出负面评价，提升了团队心理安全感，促进拥有不同看法的成员表达观点的意愿。此时，较高的认知动机进一步使团队拥有了对不同知识子团队成员所展示的观点和看法进行深入、系统和全面探讨的意愿，促进了团队选择出最具创造性的想法的可能性。即高认知动机与高亲社会动机的结合会促进出现断裂的团队中成员开放、友好沟通并深入探讨创造性想法的行为，从而最大化促进团队创造力。而当团队具有高认知动机高但是亲社会动机低时，过高的认知动机可能会导致团队心理安全感较低（成员面临的不确定性更大），而低亲社会动机甚至利己会加重这一后果，导致成员不愿提出分歧意见和不同想法，使信息型断裂对团队创造力的积极效应（如丰富的认知资源和异质性观点）无法得到完全发挥。而当团队亲社会动机高认知动机低时，很可能由于担心破坏团队和谐氛围而造成团队不愿对不同子群提出的异质性想法展开全面和深入的探讨，而只是采用"一致即为正确"原则快速达成团队决策的表面一致，最终导致信息型断裂对创造力的积极效应无法发挥（De Dreu，2006）。

假设7：当团队亲社会动机和认知动机均处于较高水平时，相比高认知动机和低亲社会动机以及低认知动机和高亲社会动机，更能够积极促进信息型断裂与团队创造力之间的关系。

（二）团队认知动机和亲社会动机的交互对信息型断裂与外部知识获取

关系的调节作用

本研究提出，团队认知动机与亲社会动机的交互能够积极调节信息性断裂和外部知识获取之间的关系。虽然团队认知动机能够提升团队认知需求，促进团队展开外部学习，从多个渠道搜寻新知识、新技术和新资讯等，但过高的团队认知动机也会对信息型断裂与外部知识获取之间关系产生一定的消极影响，如导致团队信息搜寻的无目的性，使团队一味地花费时间和精力从多个外部渠道寻求新知识、新技术以及更多替代性问题解决方案，而忽视了对这些方案或新知识对当前任务和问题以及团队集体目标达成的有用性等内在价值的思考。因此，虽然认知动机提升了成员利用信息型断裂所带来的丰富社会与知识网络以及增强的吸收能力来展开外部知识获取的动机，信息型断裂对外部知识获取的积极效应仍然可能由于信息搜寻和获取的无目的性而受到削弱。如果此时团队同时具有较高亲社会动机，则能够使团队不但具有向外搜寻知识与信息的动机，成员也会专注于集体利益和团队目标的达成，就能够使团队更高效地利用信息型断裂带来的资源优势促进外部知识获取。

然而，如果团队高认知动机与低亲社会动机相结合，将会造成成员展开外部知识获取行为时目标分散（仅关注个人目标和利益），使得团队无法有效利用外部渠道获取对达成集体目标有益的知识和信息，导致团队在利用信息型断裂所带来的结构和资源优势展开外部知识获取行动时的效率低下，使信息型断裂对外部知识获取的积极效应不能完全得到发挥。此外，低认知动机和高亲社会动机的组合降低了团队认知需求，提升了个体成员对面子和自我利益的重视，从而加剧了在出现信息型断裂的团队中外部知识获取所带来的人际风险（如可能遭受来自其他子团队的批评等），因此，虽然高亲社会动机会提升成员心理安全感知，但与低认知动机的组合将造成高团队亲社会动机在信息型断裂与外部知识获取之间的积极调节效应无法得到完全发挥。

假设8：当团队亲社会动机和认知动机均处于较高水平时，相比高认知动机和低亲社会动机以及低认知动机和高亲社会动机,更能够促进信息型断裂与外部知识获取之间的关系。

(3) 团队认知动机与亲社会动机的交互对信息型断裂与内部知识整合关系的调节作用

本研究认为,团队认知动机与团队亲社会动机的交互能够积极促进信息型断裂与内部知识整合之间的关系。依据 MIP - G,当团队仅仅具有较高认知动机或亲社会动机时,会对信息深度加工带来一定消极影响。如认知动机可能引起团队成员对错误或者失败的恐惧等焦虑情绪,以及成员对于"面子"(Social Face) 和信誉或声誉可能受损的过度担忧(Ten 等,2010;Schalk 等,2010)。这种由认知动机引发的对于"丢脸"、犯错和批评的焦虑和恐惧有可能会进一步加剧由信息型断裂造成的任务冲突和子团队间的消极互动以及压力和紧张氛围。任务冲突如果得不到有效解决,极有可能恶化为情感冲突,使异质性认知资源的整合变得极为困难。此时如果团队具有较高亲社会动机,可营造积极团队氛围和心理安全感知,减缓团队认知动机所引发的焦虑与恐惧情绪(Aaldering 等,2013;Edmondson 等,1999)。成员感知到的团队对于失败和错误的容忍和包容将会抑制过高认知动机对信息型断裂与内部知识整合之间关系所带来的消极影响,从而使团队认知动机在信息型断裂与内部知识整合之间的积极调节效应得到最大化发挥。因此,高团队亲社会动机与高团队认知动机的结合能够在信息型断裂与内部知识整合之间起到积极的调节作用。

当团队认知动机高但亲社会动机低,甚至团队整体被利己动机驱动时,成员关心自身利益、地位和权力,会进一步加剧对失败和错误的恐惧和担忧(De Dreu 等,2009)。利己动机与认知动机的结合将造成团队在面临冲突时只考虑自身利益并操控关键信息,使得信息型断裂所引发的任务冲突恶化为情绪冲突或地位冲突,而对集体最为有利的信息可能因为被故意隐藏或囤积(Hoarding)而无法得到整合与利用,最终阻碍信息型断裂通过共同体效应和交互记忆系统的发展等潜在优势促进异质性认知资源的高效整合。而当团队具有高亲社会动机但是认知动机低时，虽然能够有效改善子团队间关系，抑制子团队偏见，但采用快速、启发式和表层信息加工方式处理任务相关信息的倾向仍然会提升团队认知闭合程度，使团队无法最大程度地对信息型断裂所带来的多元化、异质性知识和观点进行深入处理和整合，从而消极影响信息型断裂与内部知识整合之间的关系。

假设9：当团队亲社会动机和认知动机均处于较高水平时，相比高认知动机和低亲社会动机以及低认知动机和高亲社会动机，更能够积极促进信息型断裂与内部知识整合之间的关系。

五、团队整合能力（外部知识获取和内部知识整合）与团队创造力[①]

知识于信息资源的丰富程度决定着团队创造力的高低（Zhou 等，2014；Chen 等，2015；Huang 等，2014；Homan 等，2015）。因此，外部知识获取对创造性想法的涌现具有重要推动作用。学者提出，任何企业都不可能拥有创新活动所必需的全部知识、信息或技能（刘松博等，2014；Benoliel 等，2014；Marrone，2010；Wong，2004；Reagans，2001）。当今市场需求变化莫测，技术革新一日千里，团队仅依靠内部狭窄、有限的知识资源进行决策制定将陷入"熟悉陷阱"，产生认知惰性，严重制约突破式新想法的产生（Zhou 等，2012）。此时，团队急需跳出内部桎梏，整合外部视角，通过与顾客、供应商、同行甚至竞争者等利益相关者之间的沟通与交流获取外部反馈，并借助研讨会、专业书籍阅读以及市场调研等途径学习并捕获前沿市场和技术知识（刘松博等，2014）。由此，外部知识获取丰富了团队创造活动所需的知识库与信息池，使团队敏锐觉察到未来技术和市场发展趋势，从而促使团队打破原有惯性思维和僵化模式，摒弃团队陈旧工作方法和流程，激发不循常规创意的产生。而且，外部知识获取能够有效纠正过于依赖现有知识基础而产生的认知偏差（Cognitive Bias）（Levin 等，2004；Argote

---

① 该部分假设成果已经发表在《Group& Organization Management》。

等，2000；Hansen，1999），使团队对创意进行合理预期，提升创新想法的有用性。研究发现，通过团队外部渠道进行新知识、新信息与新技能的收集与获取是项目成功的关键要素；团队对外部市场及技术知识的搜索及获取能够有效促进团队创新绩效（Somech 等，2014）。

团队创造力来源于多领域知识的重塑与重组，即知识整合过程。学者认为，各个职能和专业领域的多元化知识若不经过彻底的整合与利用，团队所产生的想法和方案就无法触及问题的本质和核心，突破式创意将难以产生。知识在团队层面的组合或整合是团队作为整体能够达成个体所不能产生的创新想法的关键过程。该过程激发了团队"万花筒思维"（Kaleidoscope Thinking），通过柔性思维模式和知识互补，使成员重新组合并利用任务相关领域的多元化认知资源，并从现有知识中产生对问题的新解读，重构已有认知模式，使成员对现有资源进行新颖、独特联结，激发新点子、新想法的产生。同时，仅仅存在于团队成员头脑中、不易察觉的、但对团队具有重要价值的隐性知识能够通过知识整合过程充分交互，促进隐性知识—显性知识的螺旋创造过程，为创新想法提供更丰富的知识基础。此外，知识整合可消除不同知识或职能领域之间的固有偏见，通过群策群力，使创新想法的产生成为可能。学者研究发现，团队专业知识（Expertise）整合能够有效提升团队创造力水平。外部侦察（Scouting）能够显著促进团队创新（Somech，2014）。

此外，内外部团队过程之间存在着密切关系。安科纳（Ancona）和考德威尔（Caldwell）（1990）以及崔（Choi，2002）认为，内外部团队过程存在着密不可分的交互和影响。因此，本研究试图探讨外部知识获取除了能够直接影响团队创造力，能否通过内部知识整合而间接影响团队创造力。戈尔德（Gold 等，2001）的研究提出，外部学习并获取外部新知识与新信息有助于扩大团队内部可供整合的知识领域范围和知识存量，并为团队如何整合已有知识提供新的方式和方法（Approach），从而扩大团队知识整合的范围并提升知识整合的灵活性与多样性，促进团队对现有知识与信息的深度利用与整合。而图什曼（Tushman，1979）则提出了信息沟通过程模型，认为团队沟通始于从团队外部收集并获取相关知识和信息，这些知识和信息将会被转移到团队内部进行解读和利用并促进团队绩效的提升。利用"标杆管理"（Benchmarking）方法改善团队管理实践以及知识利用方式是典型的通过外部知识获取促进内部知识整合并提升团队创造力的过程（Gold 等，2001）。

假设10：外部知识获取与团队创造力之间呈正相关关系。

假设11：内部知识整合与团队创造力之间呈正相关关系。

假设12：外部知识获取对团队创造力的直接作用能够被内部知识整合所中介。

六、团队整合能力（外部知识获取和内部知识整合）的中介作用

（一）外部知识获取在团队认知动机对"信息型断裂—团队创造力"作用关系所起的调节效应中的中介作用

本研究提出，外部知识获取将中介团队认知动机在信息型断裂与团队创造力之间的调节作用（被中介的调节效应）。基于假设2可知，高度认知需求将使习惯于向同属一个子团队的其他专家处获取知识的成员将视角转向团队外部。尤其是在研发、设计等知识团队中，成员面临的任务往往具有高度复杂性和非常规性。具有高度认知动机的成员想要对当前工作任务达到深入、系统和准确的理解与认识，就必须跨越团队甚至组织边界从多种渠道（如企业其他工作团队、供应商、合作者，甚至竞争者）处学习最新前沿技术与市场知识和信息。此时，信息型断裂所构建的外部异质性知识网络连接与增强的团队吸收能力有助于团队外部学习和知识获取。进而，基于假设10可知，通过丰富外部渠道所获取的新知识、新信息、新技能以及管理实践能够使成员对当前工作任务和问题产生新的认识，改进现有工作方法和流程，并将新知识应用在研发、设计和咨询工作中，从而激

发团队新颖、有用想法的产生。依据 IMO 框架，本研究提出以下假设。

假设 13：外部知识获取能够中介团队认知动机在信息型断裂与团队创造力之间的关系中起到的调节作用。

（二）内部知识整合在团队认知动机对"信息型断裂—团队创造力"作用关系所起的调节效应中的中介作用

本研究提出，内部知识整合将中介团队认知动机在信息型断裂与团队创造力之间的调节作用。基于假设 3 可知，当团队具有较高认知动机时，信息型断裂导致的子团队间偏见和刻板印象将会得到减缓——团队成员将摒弃以刻板印象这种表层、直觉型的判断他人以及处理来自其他知识子团队提供的知识的信息加工方式。相反，由于认知动机的本质是对当前问题产生深入、全面和系统理解，成员将会对来自其他子团队的冲突性观点和异质性的认知资源赋予高度价值和认同——这些冲突性观点和异质性资源能够帮助他们厘清当前任务和存在的问题，从而产生更深入的理解和洞察，团队成员的认知需求得到满足。信息型断裂对内部知识整合的积极效应得到激发。进而，基于假设 11 可知，知识整合能够通过促进不同领域知识、信息和观点的重组与整合，激发团队以与以往不同的视角看待问题，促进团队知识创造等机制最终提升团队兼具原创性和有用性创意的涌现。依据 IMO 框架，本研究提出以下假设。

假设 14：内部知识整合能够中介团队认知动机在信息型断裂与团队创造力之间所起到的调节作用。

（三）外部知识获取在团队亲社会动机对"信息型断裂—团队创造力"作用关系所起的调节效应中的中介作用[①]

本研究提出，外部知识获取能够中介团队亲社会动机在信息型断裂与团队创造力之间的调节作用。基于假设 5 可知，当团队拥有较高的亲社会动机，而成员也意识到特定行为能够为他人带来益处时，他们就会努力投入该行为，以使他人

---

① 该假设成果已经发表在《Group & Organization Management》。

及团队获益。积极参与外部知识活动，而获取前沿市场、技术知识与信息是提升复杂环境中知识团队创造力的关键。而且，"他人聚焦导向"使团队对外界利益相关者的目标与偏好给予关注和帮助，从而使团队更加值得信任并与外界建立起积极情感关系，提升外部利益相关者向团队共享并转移知识的意愿，使隐性知识的获取更易实现。此外，亲社会动机氛围提升了团队心理安全感，缓解了子团队间偏见与不信任对团队跨界行为动机的削弱。此时，成员将积极跨越团队或组织边界向外拓展，信息型断裂所构建的异质性外部知识网络和增强的吸收能力对外部知识获取的积极效应被激发。进而，基于假设10，外部知识获取将显著地扩大团队知识储备，从而提升团队创造力水平。依据IMO框架，本研究提出以下假设。

假设15：外部知识获取能够中介团队亲社会动机在信息型断裂与团队创造力之间所起到的调节作用。

（四）内部知识整合在团队亲社会动机对"信息型断裂—团队创造力"作用关系所起的调节效应中的中介作用[①]

本研究提出，内部知识整合将中介团队认知动机在信息型断裂与团队创造力之间所起到的调节作用。基于假设5可知，知识子团队的形成会带来共同体效应，但同时也容易激发任务冲突、子团队间偏见和任务表征分歧。团队亲社会动机能够通过激发合作式冲突解决方式、增加子团队之间互动、抑制子团队间偏见并通过团队学习弥合任务表征分歧来积极地影响信息型断裂与内部知识整合之间的关系。进而，基于假设11可知，不同领域间知识、信息、观点和视角的重组能够激发不同以往的解决问题的方式、新产品的创意等，将显著促进团队创造力的提升。哈维（Harvey，2014）提出，知识整合是将团队多元化认知资源转化为卓越创造力的关键过程。由此，信息型断裂与团队亲社会动机的交互不但能够直接地促进团队创造力，该调节作用还能够被内部知识整合所中介。依据IMO框

[①] 该假设成果已经发表在《Group & Organization Management》。

架，本研究提出以下假设。

假设16：内部知识整合能够中介团队亲社会动机在信息型断裂与团队创造力之间所起到的调节作用。

(五) 外部知识获取与内部知识整合的链式中介效应

假设13至假设16提出外部知识获取与内部知识整合能够中介团队认知动机及团队亲社会动机在信息型断裂与团队创造力之间的调节作用。进一步地，依据假设12可知，外部知识获取除了能够直接影响团队创造力之外，还可能间接地通过内部知识整合影响团队创造力。因此，本研究提出团队认知动机与信息型断裂的交互项以及团队亲社会动机与信息型断裂的交互项除了能够通过外部知识获取与内部知识整合促进团队创造力，还能够通过外部知识获取推动内部知识整合这一路径对团队创造力产生间接影响。

假设17：在团队认知动机调节作用下，外部知识获取与内部知识整合在信息型断裂与团队创造力之间起到链式中介作用。

假设18：在团队亲社会动机调节作用下，外部知识获取与内部知识整合在信息型断裂与团队创造力之间起到链式中介作用。

第三节 本章小节

本章综合运用分类－加工模型、动机性信息加工理论、社会－认知调节假设以及 IMO 团队效能研究框架等，分析了理论模型中核心变量之间的内在关系，并提出了相应假设。首先，在提出信息型断裂对团队创造力和团队整合能力的"双刃剑"效应的基础上，探析了团队认知动机、团队亲社会动机以及二者交互对"信息型断裂—团队整合能力"以及"信息型断裂—团队创造力"作用关系中的调节作用并提出相应假设。其次，探讨了外部知识获取与内部知识整合对团队创造力的直接促进作用，而且还验证了内部知识整合在外部知识获取与团队创造力之间的中介作用。最后，本研究还验证了外部知识获取与内部知识整合在团队信息加工动机所起的调节效应中的中介作用。在这部分相关假设中，除了检验外部知识获取与内部知识整合在团队信息加工动机对"信息型断裂—团队创造力"作用关系所起的调节效应中的中介作用之外，还验证了外部知识获取与内部知识整合的链式中介作用。本章共计提出了 18 个理论假设，表 3-1 对文中研究假设进行了汇总。

表 3-1 研究假设汇总表

假设	内容
假设 1	团队认知动机积极调节信息型断裂与团队创造力之间的关系
假设 2	团队认知动机积极调节信息型断裂与外部知识获取之间的关系
假设 3	团队认知动机积极调节信息型断裂与内部知识整合之间的关系
假设 4	团队亲社会动机积极调节信息型断裂与团队创造力之间的关系
假设 5	团队亲社会动机积极调节信息型断裂与外部知识获取之间的关系
假设 6	团队亲社会动机积极调节信息型断裂与内部知识整合之间的关系
假设 7	当团队亲社会动机和认知动机均处于较高水平时，相比高认知动机和低亲社会动机以及低认知动机和高亲社会动机，更能够积极促进信息型断裂与团队创造力之间的关系
假设 8	当团队亲社会动机和认知动机均处于较高水平时，相比高认知动机和低亲社会动机以及低认知动机和高亲社会动机，更能够积极促进信息型断裂与外部知识获取之间的关系
假设 9	当团队亲社会动机和认知动机均处于较高水平时，相比高认知动机和低亲社会动机以及低认知动机和高亲社会动机，更能够积极促进信息型断裂与内部知识整合之间的关系
假设 10	外部知识获取与团队创造力之间呈正相关关系
假设 11	内部知识整合与团队创造力之间呈正相关关系
假设 12	外部知识获取对团队创造力的直接作用能够被内部知识整合所中介
假设 13	外部知识获取能够中介团队认知动机在信息型断裂与团队创造力之间关系中所起到的调节作用
假设 14	内部知识整合能够中介团队认知动机在信息型断裂与团队创造力之间关系中所起到的调节作用
假设 15	外部知识获取能够中介团队亲社会动机在信息型断裂与团队创造力之间关系中所起到的调节作用
假设 16	内部知识整合能够中介团队亲社会动机在信息型断裂与团队创造力之间关系中所起到的调节作用
假设 17	外部知识获取与内部知识整合在信息型断裂与团队认知动机交互项与团队创造力之间关系中起到链式中介作用
假设 18	外部知识获取与内部知识整合在信息型断裂与团队亲社会动机交互项与团队创造力之间关系中起到链式中介作用

第四章

研究方法

为了检验本研究所提出的概念模型和研究假设，本章首先对研究对象的样本选取和数据收集情况做出详细说明，然后介绍本研究所选取的变量的测度指标及其问卷设计情况。本研究中变量的测度指标主要参考了以往学者的研究成果和经验，同时结合本书研究对象的特点及研究过程的特殊性后综合提出的。最后，本章将介绍研究中所用到的实证研究方法及其步骤。

第一节 数据收集

一、研究背景

本研究属于国家自然科学基金项目——"信息型团队断裂对团队创造力的影响机制研究——信息加工的中介作用及情绪调节策略和领导行为的边界作用"——的核心部分。该基金课题致力于从理论及实践上探索信息型断裂与团队创造力之间的作用机理。主要目标是基于信息加工视角探索信息型断裂影响团队断裂之间的中介机制，以及能够影响"信息型断裂—信息加工过程—团队创造力"作用链条的重要边界条件，以期为企业内部多元化工作团队的管理实践提供指导及建议。通过前期的理论准备、文献检索及专家调研，课题组设计了针对信息型断裂、团队创造力、信息加工相关过程（如外部知识获取与内部知识整合等）、团队动机（包括认知动机及亲社会动机等）、团队及任务特征等方面的调研问卷。调研问卷共分为两个大部分。第一大部分由企业员工填写，其中又包括三个子部分。第一个子部分是员工个体信息，包括性别、年龄、工作年限、专业、职能、级别等；第二个子部分为员工填写的团队整合能力以及团队认证动机和亲社会动机相关问卷；第三个子部分是团队互依性和任务复杂性等相关测量题项。而问卷的第二大部分则由团队领导填写。团队领导需要填写个人统计属性特征，如性别、年龄、工作年限、专业、职能、级别等，以及团队特征属性，包括团队规模、团队成立时间等，同时需要为团队创造力水平打分。由此，采用多源数据（Multi-Source Data）能够有效地降低共同方法偏差（Common Method Bias），使实证结论更具稳健性。

二、问卷设计

本研究所采用的调查问卷经过如下步骤编制而成。首先，6个课题组成员（4名博士研究生与两名硕士研究生）搜索和阅读已经正式发表的顶级期刊上的变量测量英文文献，选择出那些经典的、经多次证明有效的变量测量量表；其次，由于变量指标绝大多数直接来源于英文文献，我们安排4位有着较好学术背景的博士研究生将问卷翻译成中文，每一个指标均由2位博士研究生独立翻译，并结合中国的具体情景，对相关指标进行了适当的调整；再次，在完成问卷所有问题的翻译以后，将不同翻译人员翻译的中文进行核对，以保证翻译问卷指标的意思表达准确、流畅；最后，我们将本问卷送给西安交通大学的一位海外兼职教授（华人，精通中文和英文），请该教授进行中文和英文问卷的核对，并对问卷进行修改，保证问卷翻译的准确性。

三、调研对象

本研究选取来自陕西省及河南省份若干家知识型企业中的知识团队作为本次实证研究的调研对象，主要包括研发、设计、金融管理咨询等三种团队类型。知识团队中主要由知识员工构成，以知识、技能的共享、交叉、整合为重要手段来执行复杂的知识型任务，提供知识密集型的产品和服务，其面临的任务具有极高的复杂性及创新性需求，研发团队、设计团队、管理咨询团队等均属于典型的现代知识型团队（孙锐和李海刚，2006）。此次调研负责人将调研介绍给各个企业的高层领导，并同时获取了人力资源管理部门的协助。调研时间从2016年4月至2017年7月。在发放问卷之前，调研人员将问卷中的题项打乱并向被调研人员保证本次调研的保密性与匿名性（例如，调研结果仅作为一手调研数据，用作学术论文写作，而不会用作商业用途；每个成员所填写的问卷仅能被调研人员知悉等）。同时，调研人员还从多个来源（团队领导与团队成员）收集数据以降低潜在的共同方法偏差（Common Method bias）。因此，若本研究中涉及到亲社会动机等易产生社会偏好倾向（Social Desirability）的变量（De Dreu 和 Nauta，2009），上述调研措施可以有效地降低被调研人员的社会偏好倾向，提升实证结论的可靠性。具体在填写问卷过程中，团队成员填写个体基础信息、团队认知和亲社会动机、外部知识获取和内部知识整合以及控制变量等相关题项；团队领导填写团队基础信息（如规模、成立时间等）并同时评估本研究的结果变量：团队创造力。

计算信息型断裂强度需要完备的团队人口统计属性特征数据，否则就有可能出现随机或系统性偏误（Random and Systematic Bias，Allen 等，2007），即所选个体成员样本不能完整反映团队整体情况，由此导致研究结论的偏差及稳健性下降。因此，本次调研旨在获取团队内部全部成员的个人信息。然而，即使调研人员考虑到各种情况并采取了相应措施，在调研中仍然不能保证100%的成员参与率。调研期间，由于请假、出差等原因，本研究最终以80%的团队内部回复率（Within-Group Response Rate）来对团队样本进行筛选。在现有的团队断裂等团队构成研究中，80%的团队内部回复率是被普遍接受的高于公认标准的一个回复率标准（Shin 和 Zhou，2007；卡顿和卡明斯，2009）。最终，124个团队以及794个团队成员符合上述标准并组成了最终的样本集合。

四、调研过程

在调研问卷完成初步设计后，课题组首先在陕西省选取了四家企业，共计21个工作团队进行预调研。进行预调研的目的在于：在大规模的调查展开之前能够尽量消除调查方法和文字表述等方面存在的漏洞，使调查的结果更为准确。每一家试点单位的调查都由经过西安交通大学管理学院培训的若干调查人员进行，调查人员首先与企业副总经理及以上的高层管理人员进行沟通并取得企业人力资源管理部门的配合。在人力资源管理主管的协助下，调查人员进入企业内部，选取工作团队作为被试。由于信息型断裂强度及构型特征的计算需要100%的团队成员参与率，但该条件在现实中很难达成。因此，预调研中的团队内部成员参与率标准为80%及以上（例如，由5名成员构成的团队中必须有4人或以上参与此次预调研）。该成员参与率在团队构成相关研究中是被普遍接受的。调研人员首先对问卷填写方式作出说明和解释，被访者亲自填写问卷的各项内容，并对问卷中的问题以及问卷本身的设计提出建议，调研者同时负责记录被访者在问卷解读与填写过程中遇到的困惑，以便预调研结束后对原始调查问卷进行修改与调整。预调研所取得的数据被排除在最终的调研范围之外，所得到的数据也不录入最后的数据库。

在此过程中访问者与被访者沟通讨论，考察问卷中题目的措辞、相关术语等是否能被正确理解，考察问卷题目设置是否能确保被访者顺利作答，考察不同被访者是否对问题有相同的理解。预调研结束后，部分对问卷有疑问的访问者与调研人员就调研中发现的问题共同讨论，对问卷做相应的修改。修改后的中文问卷交由精通中英文的外籍教授审阅和修订，确保符合英文问卷的原意。在此基础之上，3位企业家与10名访问者共同对问卷进行逐项讨论和修订。修订后的问卷由一位美籍华裔教授进行最终审阅，确保修订后的中文问卷与英文问卷的原意吻合。

为了保证调研过程中调研人员和调研对象之间有效地沟通，我们对学习过管理研究方法相关课程且具有较好专业知识背景和能力的10位研究生（其中：博士6人，硕士4人）开展了必要的培训，统一了调研的规范程序。培训的内容包括详细介绍调研目的和理论模型、问卷中每个问题的含义、调研当中的技巧和基本流程、调研的组织方式和主要的联系人等。这些调研人员参与了集体讨论，并参与了预调研及其后的问卷修订工作，对问卷有一致的理解。

在预调研完成之后，课题组将展开正式调研。调研企业均由课题组负责人联系。本研究调研过程较为复杂，涉及团队领导与成员之间的匹配问题；同时，所需被调研人员较多。因此，课题组负责人首先会电话联系目标企业的高层管理者（通常为企业副总经理或以上级别），询问对方是否有时间和兴趣参与到本次调研活动中。在取得调研企业高管人员的同意，由高管人员将调研任务下发至人力资源管理部门，最终取得人力资源主管的协助与配合。调研企业分布于陕西省及河南省。因此，课题组根据各地的调研对象的数量，在调研所涉及的各省市派驻了4~5名调研人员展开正式调研工作。在调研开始前，先向对方说明此次调查的目的和方式，同时做出保密声明，然后调查人员对问卷中的有关问题进行解释，并指导被调查者填写问卷。在调研时遵循以下标准：（1）在调研人员的指导下，被调研人员当场填写问卷；（2）填写率低于95%的问卷被视为无效问卷；（3）请被调研人员按照第一反应填写；（4）问卷中连续出现相同回答的，视为无效问卷。由于调研人员在场指导问卷填写，因此无效问卷的出现概率较低。

调查结束后，课题组利用 Excel 2013 建立了数据库，为了保证问卷录入的准确性，我们采用分组录入的办法。同一份问卷分别由两个人录入，录入完毕后，将两个人录入的数据进行核对，对于录入不一致的问题根据问卷纠正核对，核对完成之后继续核对，直到两次录入完全一致为止。为了验证问卷中问题的有效性，按照吴明隆（2000）等人的建议，对问卷的效度进行了分析。具体的做法是将每个有效样本包含的所有问题的得分进行加总，求出每个样本的总分，然后按照总分进行排序，将分数最高的25%的样本作为高分组，将分数最低的25%的样本作为低分组，然后针对每个问题求出其在高分组和低分组的平均分，最后对每个问题在高分组和低分组的平均分作 T 检验，如果两者间有显著的差异，则说明这个问题是有效的，如果 T 检验的结果表明两个平均数间没有显著差异，则问题是无效的。我们的检验结果表明，问卷中的所有问题都是有区分度的。

五、样本描述

通过上述方式,共计向25家企业的170个团队发放了调研问卷。调研时间从2016年4月至2017年8月。截至2017年8月,共回收149个团队。删除其中团队成员回复率低于80%的无效团队及成员样本,最终共获得由124个团队794名成员所构成的最终样本。本研究中的样本为来自知识型企业(高科技企业、电力设计院以及银行)的知识团队。共包含三种类型的知识团队:技术与新产品研发团队、设计团队以及金融管理咨询团队。其中,技术与新产品研究团队占总样本的55%(68个),设计团队占总样本的29%(36个),金融管理团队占总样本的16%(20个)。男性被调查者占总个体样本的77%,女性为23%。其中,81%的员工拥有本科及以上学历,42%的员工拥有硕士及以上学历。被调研者平均年龄为32.5岁,平均工作年限为7.8年。被调研者专业构成为:工程学38%;理学26%;管理学及经济学13%;会计与金融11%;艺术及文学7%;法律5%。被调研者职能构成为:研发29%,设计19%;工程技术服务15%;会计与金融服务10%;生产、制造与运营9%;管理及行政管理10%;营销策划8%。样本中团队规模为4~10人。

六、样本可靠性检验

对于调研方法,未回应偏差可能会对样本的可靠性造成影响。未回应偏差的出现是由于我们所收回的样本与所考察的总体(原定的随机样本群体)在数据分布上存在差异,从而使得收回的样本不能代表总体。阿姆斯特朗(Armstrong)和奥佛顿(Overton),1977;兰伯特(Lambert)和哈林顿(Harrington)(1990)指出可将催收后所回收之问卷视为"无回应"问卷,将之与未催收前所回收的问卷进行比较,使用T检验来检验两次回收问卷在各题项上是否有显著差异($p<0.05$)。我们整理了21个未回收团队的特征信息,并将这些团队同124个有

效回收问卷进行对比,以检验这两个样本群体是否属于同一大样本(Armstrong 和 Overton,1977;Lamber 和 Harrington,1990)。T 检验的分析结果表明,未回答团队和回答团队在规模和成立年限方面没有显著差异。此外,由于本研究将团队回复率 80% 设为团队样本筛选标准,因此还应该检验回复率在 80% 以下的团队与 80% 以上的团队在团队规模和成立年限方面是否存在显著差异,以及这两类回复率群体中团队成员在性别、年龄、工作年限、职能、专业等方面是否存在显著差异。通过 T 检验,并没有发现回复率在 80% 以下的团队与 80% 以上的团队在上述团队及个体测量指标上存在差异(所有的 p 值都大于 0.1)。这些结果表明了本次调研中不存在显著的未回应偏差问题,样本可靠性得到验证。

第二节 变量测量

为了保证测度量表的信度和效度，初始测度指标的形成主要参考国内外较为成熟的研究量表，再根据研究目的与中国的实践背景和文化背景进行适当的调整。问卷首先经过专门的翻译人员翻译成汉语，另一个翻译人员把汉语的问卷版本翻译回英文。这一过程用来修改具有歧义的文字和语句。问卷形成后，对初始的问卷在西安地区进行了预调研，根据被测人员反馈的意见，对相关指标的内容描述进行了修正，最后形成了正式调研的最终问卷。

本研究中所有变量均采用李克特7级量表（7-Point Likert-Type Scale）进行测量。在问卷调查的过程中，要求被试者依据直观感觉来对测量的题项或条目进行打分，不需要仔细斟酌推敲。被试者对于各个题项或条目的感知情况通过数字1到7进行反映，数字越小表示被试者通过对比问卷中的题项描述与实际状况后认为"不同意"或"不符合"的意味越强，数字越大表示被试者"同意""是""符合"等肯定的意味越强。

信息型断裂强度。本研究采用迈耶（Meyer）和格伦茨（Glenz）2013年所开发的ASW（平均廓形宽度，Average Silhouette Width）方法计算信息型断裂强度。当前，学者普遍采用的团队断裂强度算法为Thatcher's Fau，萧（Shaw，2004）所开发的FLS方法也得到了一定的应用。然而，撒切尔的断裂算法（Thatcher's Fau）计算量巨大，且不适用于规模较大、能够被潜在分裂为两个以上子团队的工作团队。而Shaw（2004）的FLS算法则仅仅适用于分类或非连续变量，在将连续变量进行编码分类时将会遗失大量信息。迈耶和格伦茨（Meyer 和 Glenz，2013）所提出的 ASW 算法能够有效地弥补当前断裂算法的缺陷与不足（Meyer 等，2015）。首先，ASW 方法适用于规模较大、能在内部划分两个以上子团队的工作团队。同时，该方法可同时适用于连续或非连续变量。最为重要的是，该方法能够提供成员与子团队之间的精确匹配信息，为进一步探讨团队断裂构型特征所产生的效应提供实证方法基础。计算机仿真结果显示，ASW 聚类算法在预测效度方面显著优于其他断裂算法（Meyer 等，2013）。该方法分为以下两个步骤：首先，识别出 $2 \times n$ 个子团队的起始构型（Start Configuration）；其次，在上述 $2 \times n$ 个子团队集合中获得最优解，即子团队间差异最大且子团队内部同质性最高时的子团队划分。依据 Cooper 等（2014）的研究，选取工作年限、教育专业以及职能背景作为计算信息型断裂强度的个体属性（Cooper 等，2014）。工作年限以员工进入企业的总工作时间计算（以年为单位），代表着员工所拥有的组织相关知识与信息。进入组织的时间点不同，员工所拥有的技能、价值观以及工作方式与方法都会产生显著不同（Ancona 和 Caldwell，1992；Gilsoon 等，2013）。而且，资深员工与新进员工在工作理念、工作方法，甚至工作目标方面都存在着显著的不同。如相比工作年限较短的新进员工，具有较长工作年限的团队成员制定决策时会更加保守，也更倾向于维持现状。教育专业以员工获取的最高学历所学专业为准。教育专业的差异反映了员工所掌握的领域相关的专业知识与技能方面的不同（Shin 等，2007）。教育专业类型分为以下 6 类：工程学，理学，管理学及经济学，会计与金融，艺术及文学，法律。职能背景反映了员工之间拥有的行业相关知识的不同。依据以往研究并结合当前企业及团队研究样本，将职能背景划分为以下 7 种类型：研发，设计，工程技术服务，生产、制造与运营，会计与金融服务、营销策划以及管理及行政管理（Cooper 等，2014；Chung 等，2015；Joshi 等，2011）。依据社会认同理论，上述任务相关的属性差异能够在工作过程中得到凸显，使得团队成员依据所掌握知识、信息、技能和思维方式的不同进行社会分类和自我类化，从而诱发知识子团队的出现。团队内部相似度越高，子团队之间差异化越大，则信息型断裂强度越大。迈耶和格伦茨（Meyer 和 Glenz，2013）开发了基于 R 语言环境下的 asw. cluster package 软件包。在该软件包中，研究者可通过若干命令运行程序，最终得出团队断裂强度（Fl. Value）、子团队数量（Number of Subgroups）及成员—子团队间匹配关系（Member-to-Subgroups）等输出结果。软件包下载、安装程序及 asw. cluster package 软件包使用步骤及语法程序（Syntax）具体可见 http：//www. group-faultlines. org。利用 ASW 算法得到的信息型断裂强度取值范围为 0~1。本研究中，信息型断裂的强度范围是 0.167~0.895。此外，为验证该断裂算法的稳健性（Robustness），本研究利用当前受到最广泛应用的 Fau 算法再次计算信息型断裂强度。结果证实，利用 ASW 算法与 Fau 算法所得到的结果之间具有高度相关性（0.911）。因此，本研究利用 ASW 算法计算信息型断裂强度的结果的稳健性得到验证。

团队创造力。本研究采用 Shin 和 Zhou（2007）的开发团队提出的创造力测量量表，由团队领导进行打分，该量表被广泛应用于其他知识型团队创造力研究中，如 Gong 等（2013），具有良好的信度和效度指标。采用李克特 7 级量表，最终量表由 4 个题项构成，其中典型题项为：您领导的团队"能够经常提出新颖的想法"以及您领导的团队"是具有创造性的"等。

团队认知动机。当前，学者在不同文献中利用多个量表测量了团队认知动机。聚焦于团队认知动机的研究普遍以个体认知需求（Need for Cognition）、个体结构需求（Need for Structure）或个体认知需求闭合（Need for Cognitive Closure）的加总平均反映团队认知动机特质，即利用加总模型（Additive Model）反映团队层面构念。学者认为实验方法中采用加总模型计算团队动机的原因在于临时团队无法为集体认知动机的形成提供条件（如临时团队中缺乏互动等）。然而，当研究样本为真实企业中的工作团队样本时，学者推荐使用参照人转换方法（Referent-Shift Approach）或一致性模型（Consensus Model）构建团队层面构念。原因在于，真实工作团队中成员之间频繁的互动与沟通为团队集体特质的形成提供了基础前提，此时采用个体特质加总平均所得变量已经无法准确反映团队层面特征（Hoffman，2005）。借鉴 Hu 和 Liden（2015）的方法，本研究通过参照人转换方式，通过卡乔波（Cacioppo 等，1996）的个体认知需求量表得到团队认知动机测量量表。该量表已经被广泛应用于团队认知动机、认知需求等相关研究中（如 Kearney 等，2009）。在设计量表时，将参照人从"我"转换为"我们""我们团队"或"团队成员"以反映团队集体动机。量表包含12个题项，其中典型题项为"我们团队喜欢负责完成需要缜密思考的事情"以及"相比挑战思维能力的事情，团队宁愿做那些不费脑力的事情（反）"。

团队亲社会动机。团队亲社会动机指团队成员所共享的通过努力而使他人受益的意愿和动力。胡（Hu）和利登（Liden）（2015）首次基于个体亲社会动机量表，通过参照人转换方式所得到的团队亲社会动机量表，该量表在实证研究中表现出了良好的信度和效度。因此，本研究借鉴胡（Hu）和利登（Liden）（2015）团队提出的亲社会动机量表，该量表共包含4个题项，量表中的典型题项为："团队成员都希望通过自己的工作使他人获益"和"对所有团队成员来讲，通过自己的工作使他人获益很重要"。

团队整合能力。与巴萨利亚（Basaglia 等，2010）相同，本研究通过知识整合过程反映知识整合能力（Gold 等，2001；陈静）。由于巴萨利亚等（Basaglia 等，2010）以及加德纳和吉诺（Gardner 和 Gino，2012）团队提出的知识整合能力量表仅包括团队内部知识整合能力而忽视了外部知识整合能力，因此在本研究中并不适用。依据 Henderson（1994）对团队整合能力内涵的界定，本研究依据米切尔（Mitchell，2006）对项目团队整合能力的界定与测量，利用外部知识获取与内部知识整合测量并反映团队整合能力。

外部知识获取。本研究采用团队跨界行为中技术侦测（Technical Scouting）维度来测量。以往研究中均使用该量表测量团队外部知识获取以及团队外部学习等变量（Bresman 和 Henrik，2010；Chuang 等，2016）。该量表共包含 4 个题项，其中典型题项为："团队成员能够从企业内外部积极寻求建议和支持"以及"团队成员能够不断从外部环境中获取先进技术信息和理念"等。

内部知识整合。本研究使用蒂瓦纳（Tiwana，2005）所开发的量表测量内部知识整合。该量表共包含 4 个题项，其中典型题项为："成员能够将个人拥有的专业知识在团队层面进行整合"以及"团队成员能够整合多个专业领域知识而形成对任务的整体认知"等。

控制变量。工作团队成立时间和团队成员人数能够对团队内部断裂的形成以及团队创造过程产生一定影响（Thatcher 等，2012）。因此，将团队成立年限以及团队规模设置为控制变量。其中团队成立年限指团队成立至今的总时间，团队规模指团队正式的员工人数。此外，还需排除工作年限、职能和专业多样性对信息型断裂与过程及产出所产生的潜在影响，以获取信息型团队断裂对团队过程及产出的独特影响。由于任职年限是连续变量，因此利用成员任职期限的标准差计算任期多样性（Harrison 和 Klein，2007）。而专业及职能均为非连续变量，可借鉴布劳（Blau，1977）开发的多样性指标进行测量，公式为 $1 - \sum p_i^2$，其中 p_i 表示团队成员在第 i 个分类中的人数比例。此外，由于子团队均衡性可能在断裂强度与产出之间起到调节作用（卫旭华等，2015），本研究控制信息型子团队均衡性的影响。信息型子团队均衡性描述了团队内部子团队之间规模的差异，以子团队规模标准差×（-1）计算。通过运行 asw. cluster package 软件包，可得到成员与子团队间的匹配信息，从而计算子团队均衡性（Meyer 和 Glenz，2013）。由于子团队数量与断裂强度呈相关关系（Meyer 和 Glenz，2013），因此本研究未将子团队数量设置为控制变量。同时，当前没有研究表明信息型断裂与过程及产出之间的关系受到社会分类型断裂的影响，借鉴前人研究，本研究没有将社会分类型断裂设置为控制变量（Cooper 等，2014；卫旭华等，2015）。最后，本研究所采用的样本为知识型团队，任务复杂性与互依性普遍较高。任务复杂性及任务互依性也能够对信息型断裂的形成及其对团队过程和产出的效应产生重要影响。因此，本研究将任务复杂性和团队互依性设置为控制变量，分别借鉴佩莱德（Pelled 等，1999）以及德德雷乌（De Dreu 等，2007）的研究中的任务复杂性与团队互依性量表。其中任务复杂性的典型题项为："完成团队任务所需要的技术、知识、信息在不断的快速更新和变化"；团队互依性的典型题项为"如果没有其他团队成员提供知识和资料，我将难以完成任务"。

第三节 统计分析方法

一、多元回归分析

多元回归分析的主要目的在于验证一系列自变量因素对于特定因变量的影响是否存在（判定标准在于回归系数的显著性）以及这种影响的性质（正负方向）。本研究在进行数据处理时，采用 SPSS 20.0 软件包对数据进行统计分析。除了一些常规统计描述方法外，本研究主要使用了分步线性回归来分析变量之间的因果关系。

多元回归的主要原理是：根据最小二乘法使各散点与回归模型之间的离差平方和 Q 达到最小的原则，在因变量和多个自变量之间建立最适合的回归方程。其中 Q 的计算公式如下：

$$Q = \sum (Y_i - \hat{Y}_i)^2 \tag{4-1}$$

上式中，Y_i 为第 i 次观测值，而 $\hat{Y}_i$ 为回归方程，即：

$$\hat{Y} = b_0 + b_1 X_1 + b_2 X_2 + \cdots + b_n X_n \tag{4-2}$$

多元回归分析可以对多个自变量同时进行处理，通过分析自变量在因变量总变异中所占的比例，在一定程度上探索它们之间的关系。在回归分析中，对于回归方程的显著性，一般用 F 检验比较回归均方差和均方残差是否存在显著差异。对于自变量对因变量影响的显著性，通过 T 检验对回归系数的显著性进行检验，同时回归系数的正负符号反映了自变量对于因变量影响的性质。根据 ΔR^2 的大小，判断自变量对于因变量影响的相对重要性。

二、调节效应分析方法

（一）简单调节效应

如果因变量 Y 与自变量 X 的关系受到变量 Z 的影响，则称 Z 为调节变量。也就是说，Y 和 X 的关系因 Z 而异，Z 可影响 Y 与 X 之间关系的方向（正或负）或强弱。这种影响可以用图 4-1 来表示。

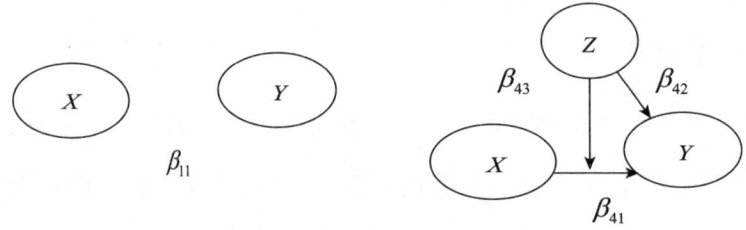

图 4-1　简单调节效应示意图

从表达式上来看，考虑调节变量 Z 之后，Y 和 X 以及 Z 之间的关系式为：

$$Y = \beta_{40} + \beta_{41}X + \beta_{42}Z + \beta_{43}XZ + \varepsilon_4 \quad (4-3)$$

对于调节效应，可以用交互项模型来检验。一般采取两步：第一步首先检验自变量 X 和因变量 Y 是否存在显著的相关关系；第二步将自变量和调节变量相乘后，放入回归方程，看乘积项 XZ 的系数是否显著。如果乘积项系数显著，则说明 Z 对 X 和 Y 的关系起到了调节效应。值得注意的是在检验调节效应时，需要对乘积项涉及的变量进行中心化处理。

本研究中假设 1 至假设 6 均涉及到简单调节效应模型的检验。

（二）三项交互效应

本研究中假设 7～假设 9 提出团队亲社会动机能够调节团队认知动机在信息型断裂与外部知识获取和内部知识整合之间的调节效应，即方法论中的三项交互效应或称三阶交互效应。然而，如何进一步探寻不同形式的三阶交互对因变量的不同影响？现有的解决这一问题的统计方法差异很大，而且往往是错误的（Dawson 和 Richter，2006）。

在下述三项交互调节模型中，X 是自变量，Y 是因变量。Z 和 W 是 X 和 Y 直接关系的调节变量。在这个三阶交互模型中，为了检验 Z 和 W 的调节效应，我们首先用因变量 Y 对自变量 X，调节变量 Z 和 W 做回归；然后再加入自变量和调节变量的二阶交互项 XZ，XW 以及 ZW（通常在另一个回归模型中）；最后再加入自变量与调节变量的三阶交互项 XZW（通常也在另一个回归模型中）。在调节的多元回归模型中，三阶交互项 XZW 的显著性表明了在不同的 Z 和 W 水平下，X 和 Y 之间关系的变化量。

为了进一步精确地比较在不同的 Z 和 W 水平下，Y 关于 X 的斜率的变化量的显著性，本研究用以下四个步骤构建出相应的统计量。第一，构建出在不同的 Z 和 W 水平下，因变量 Y 关于自变量 X 的斜率的一般形式；第二，构建出在任意两种不同的 Z 和 W 组合水平下，两者斜率之间的差值 ΔP；第三，计算出斜率差值的标准差 $SE_{\Delta P}$；第四，为了判断在不同的 Z 和 W 水平下，回归方程中的斜率是否存在显著的差异，最后需要检验斜率差 ΔP 及其标准差 $SE_{\Delta P}$ 的比值 $\Delta P / SE_{\Delta P}$ 和零的显著性差异。

1. 当 Z 和 W 处于高低两者不同水平时，Y 关于 X 的斜率的一般表现形式

含有三阶交互项的回归方程的一般表现形式为：

$$Y = b_0 + b_1 X + b_2 Z + b_3 W + b_4 XZ + b_5 XW + b_6 ZW + b_7 XZW + \varepsilon \quad (4-4)$$

Y 关于 X 的斜率取决于调节变量 Z 和 W 处于高、低不同的组合水平，具体来说，Z 和 W 的组合有如下四种：(1) Z 高 W 高；(2) Z 高 W 低；(3) Z 低 W 高；(4) Z 低 W 低。而且，通常我们认为所谓高低指的是 Z 和 W 的值高于或低于均值一个标准差。分别将 Z 高、Z 低、W 高、Z 低记为 Z_H，Z_L，W_H，W_L。我们将调节的回归方程改写为如下形式：

$$Y = (b_0 + b_2 Z + b_3 W + b_6 ZW) + (b_1 + b_4 Z + b_5 W + b_7 ZW) X + \varepsilon \quad (4-5)$$

其中,第一个括号中的多项式代表了 Y 关于 X 的截距,第二个括号内的多项式代表了 Y 关于 X 的斜率。因此,在 Z 和 W 的四种不同组合状态下,斜率的表达式有四种,表达式分别为:

$$1: \quad b_1 + b_4 Z_H + b_5 W_H + b_7 Z_H W_H \quad (4-6)$$

$$2: \quad b_1 + b_4 Z_H + b_5 W_L + b_7 Z_H W_L \quad (4-7)$$

$$3: \quad b_1 + b_4 Z_L + b_5 W_H + b_7 Z_L W_H \quad (4-8)$$

$$4: \quad b_1 + b_4 Z_L + b_5 W_L + b_7 Z_L W_L \quad (4-9)$$

2. 计算 Z 和 W 的任意两种组合状态下,Y 关于 X 的斜率差值 ΔP。

由于 Z 和 W 有四种不同的四种组合水平,因此任意两种组合水平构成的斜率差值有六种情况,如表 4-4 所示。

表 4-1 斜率差值比较表

斜率	差值	标签
1 和 2	$b_5 (W_H - W_L) + b_7 Z_H (W_H - W_L)$	a
1 和 3	$b_4 (Z_H - Z_L) + b_7 W_H (Z_H - Z_L)$	b
2 和 4	$b_4 (Z_H - Z_L) + b_7 W_L (Z_H - Z_L)$	c
3 和 4	$b_5 (W_H - W_L) + b_7 Z_L (W_H - W_L)$	d
1 和 4	$b_4 (Z_H - Z_L) + b_5 (W_H - W_L) + b_7 (Z_H W_H - Z_L W_L)$	e
2 和 3	$b_4 (Z_H - Z_L) + b_5 (W_L - W_H) + b_7 (Z_H W_L - Z_L W_H)$	f

3. 计算斜率差值的标准差

要判断任意两个斜率的差值是否显著,必须将斜率的差值与其相对应的标准差进行比较。6 种斜率差值相对应的标准差计算结果详见 Dawson 和 Richter (2006) 所编制的对照表。

4. 任意两组斜率差值的显著性检验

由统计学知识可知，斜率差值符合自由度为 $(n-k-1)$ 的 t 分布，其中 n 表示样本容量，k 是回归方程中的参数个数。因此，如果要检验任意两组斜率差值的显著性，只需检验统计量：$t = \Delta P / SE_{\Delta P}$。学者们只需根据计算出的统计检验量，再查 t 分布表即可知道斜率的差值是否显著，从而判断出 Z 和 W 的组合水平发生变化时，斜率的变化量是否显著。

三、中介效应分析方法

在分析自变量 X 对因变量 Y 的影响时，如果 X 通过影响变量 M 来影响 Y，则称 M 为中介变量（温忠麟等，2004）。中介作用的示意图如图 4-2 所示。通过第三章的理论框架分析可以看出，组织创造力会通过影响差异化竞争地位（产品/服务差异化以及技术独特性），进而影响组织的创新绩效。因而，差异化竞争地位在组织创造力影响创新绩效的过程中，可能扮演着不同的中介变量角色。

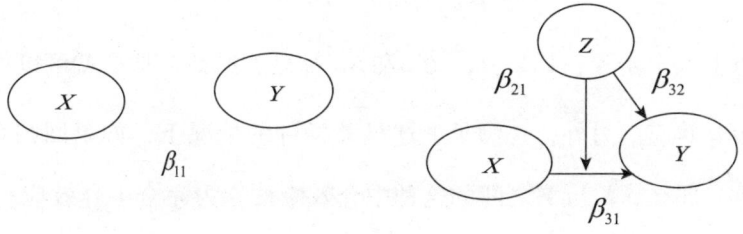

图 4-2 中介效应示意图

（一）中介效应检验方法的比较

对于中介变量作用效果的判断，即中介效应显著性大小的检验，目前主要包括三类方法（Mackinnon 等，2002）。第一类是通过依次判断回归系数显著性的因果步骤分析方法；第二类是检验 $\beta_{21}\beta_{32}$ 显著性的系数乘积法；第三类则是通过检验 $\beta_{11} - \beta_{31}$ 显著性的系数差异法。但是因为系数差异法在 β_{21} 和 β_{32} 不全为 0 的时候，造成在参数估计过程中犯第 I 类统计的错误率很高，甚至可能会高达 100%，并且这种中介检验方法也不适合在更为复杂的中介模型中进行推广，例如涉及多个中介变量的中介模型以及带有调节变量的中介模型的分析中（Mackinnonn 等，2002；等，2004；Preacher 和 Hayes，2008；方杰，张敏强和邱皓政，2012）。因此，本研究主要针对因果步骤法和系数乘积法展开分析比较。

（1）因果步骤法

所谓因果步骤法，就是我们在实证检验过程中经常用到的由巴伦和肯尼（Baron 和 Kenny，1986）提出的中介效应检验三步法。

第一步：X 对 Y 进行回归，检验回归系数 β_{11} 的显著性。

$$Y = \beta_{10} + \beta_{11}X + \varepsilon_1 \qquad (4-10)$$

第二步：X 对 M 进行回归，检验回归系数 β_{21} 的显著性。

$$Y = \beta_{10} + \beta_{11}X + \varepsilon_1 \qquad (4-11)$$

第三步：将 X 和 M 同时放入回归方程，检验回归系数 β_{31} 和 β_{32} 的显著性。

$$Y = \beta_{30} + \beta_{31}X + \beta_{32}M + \varepsilon_3 \qquad (4-12)$$

通过以上三个步骤，如果 β_{11}，β_{21} 和 β_{32} 都显著的话，那么就可以得出 X 与 Y 之间存在中介效应。另外，在满足上述显著条件的情况下，如果回归系数 β_{31} 变得不再显著，那么，X 与 Y 之间的这种中介效应被称为完全中介效应；如果回归系数 β_{31} 仍是显著的，但是存在 $\beta_{31} < \beta_{11}$，那么 X 与 Y 之间的中介效应被称为部分中介效应。

因果步骤法是在以往甚至是现有的实证研究中最广泛使用的一种中介检验方法，然而，随着中介模型的日益复杂以及中介检验方法的不断改进，因果步骤法作为传统的中介检验方法存在的问题也越来越突出。其不足主要体现在：

第一，该方法认为，如果 Y 对 X 的回归系数 β_{11} 不显著，即两者之间的直接作用不显著，那么它们之间就不存在中介效应。这一前提条件受到了众多学者的质疑。例如，施罗特和博尔格（Shrout 和 Bolger，2002）提出，在 β_{21} 和 β_{32} 乘积符号与 β_{31} 的符号方向相反的时候，就很有可能导致 β_{11} 不显著（一般而言，$\beta_{11} = \beta_{21}\beta_{32} + \beta_{31}$）。另外，如果 X 与 Y 之间存在着两个中介变量，那么两个中介变量的作用效果相反，也会导致 β_{11} 不显著（普里彻和海耶斯 Preacher 和 Hayes，2008）。

第二，因果步骤法是在一系列前提条件存在的情况下逐步判断中介效应的有无，在本质上，它并不是对中介效应大小 $\beta_{21}\beta_{32}$ 是否显著区别于 0。因此，这种方法就无法提供中介效应大小 $\beta_{21}\beta_{32}$ 的点估计，从而也就无法提供 $\beta_{21}\beta_{32}$ 存在的置信区间（Fairchild 和 McQuillin，2010）。换句话说，因果步骤法只能判断中介效应的存在，但是对于中介效应的大小是否显著则不能进行很好的估计。

第三，在统计功效（Power）方面，因果步骤法的表现最差，而且还容易低估第 I 类统计错误率。部分学者认为，因果步骤法在统计功效方面的低效表现与其前提条件有关系，即必须首先满足 X 与 Y 之间的回归系数 β_{11} 是显著的（Fairchild 和 McQuillin，2010）。

（2）系数乘积法

不同于因果步骤法，系数乘积法不要求 X 与 Y 之间的直接关系 β_{11} 必须是显著的，另外，它直接检验中介效应的大小 $\beta_{21}\beta_{32}$ 是否显著区别于 0，因此，可以得到中介效应大小 $\beta_{21}\beta_{32}$ 的点估计值以及相应的置信区间。因此，系数乘积法在统计检验过程中，逐渐替代因果步骤法而受到学者们的青睐。具体来讲，系数乘积法根据中介效应的抽样分布状态可以细分为正态分布的 Sobel 检验和非正态分布的不对称置信区间法。

①索博（Sobel）检验

由于在进行索博（Sobel）检验时，必须要求中介效应的估计值 $\beta_{21}\beta_{32}$ 满足正态分布的前提条件，因此对样本量的要求比较大。但是有学者提出，只要 $\hat{\beta}_{21}\hat{\beta}_{32}$ 不等于 0，那么 $\hat{\beta}_{21}\hat{\beta}_{32}$ 的分布就必然是偏态分布（MacKinnon 等，2002；Hayes，

2009),因此,在实际检验过程中,尤其是在小样本条件下 Soble 的检验方法也不是十分准确的。

②不对称置信区间法

不对称置信区间法与索博(Sobel)检验的最大区别就是不要求中介效应的抽样分布必须服从正态分布的前提条件。引导指令(Bootstrap)作为不对称置信区间法的一种,能够充分满足中小样本规模条件下的统计检验分析(Hayes 等,2010)。由于当前各种统计软件中都基本内嵌了引导指令(Bootstrap)这一运算程序,因此,运用引导指令(Bootstrap)法对中介效应 $\hat{\beta}_{21}\hat{\beta}_{32}$ 进行显著性检验和置信区间的估计也就成了研究当中学者们检验中介效应的首选。通过引导指令(Bootstrap)方法判断中介效应是否显著的标准是通过观察中介效应估计值的置信区间是否包含 0。如果置信区间内包含了 0,那么中介效应就是不显著的;反之,如果不包含 0,那么中介效应的估计值就是显著的。

(二)多重中介(Multiple Mediation)的检验方法

在本研究理论模型中,假设信息型断裂与团队认知动机的交互项以及信息型断裂与团队亲社会动机的交互项对团队创造力的直接作用能够同时被外部知识获取与内部知识整合所中介,因此,该效应的检验不但是被中介的调节效应,还属于多重中介效应检验。本研究将同时采用多重中介以及被中介的调节两种方法检验外部知识获取与内部知识整合在信息型断裂与团队认知动机的交互项以及信息型断裂与团队亲社会动机的交互项与团队创造力之间的关系中的中介作用。对于中介效应的检验,无论是在以往的方法论研究还是在应用性研究当中大部分都只关注带有一个中介变量的模型检验,很少注意到有多个中介变量同时存在的情形。普里彻和海耶斯(Preacher 和 Hayes,2008)认为(Preacher 等,2008),大家对于多重中介的关注不足,主要是由于多重中介的检验方法要比单一中介的检验要神秘晦涩得多。多重中介的模型示意图如图 4-3 所示。

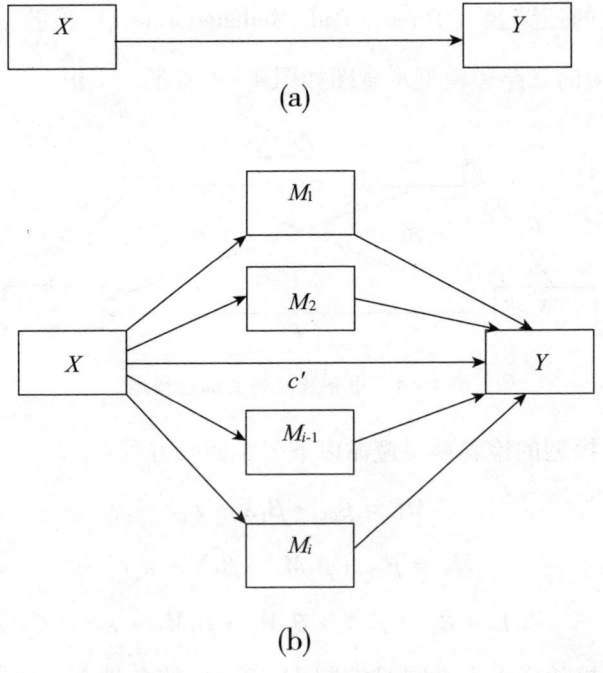

图4-3 多重中介示意图

在图4-3中（a）图表示的是X对Y的总效应（路径c），（b）图表示的是X对Y的直接效应（路径c'），以及X通过j个中介变量影响Y的间接效应。X通过某一中介变量i影响Y的具体的间接效应，被定义为通过该中介变量联系X与Y之间的非标准化路径系数。例如，X通过中介变量M_1影响Y的间接效应大小为$a_1 b_1$，而X对于Y的总的间接效应的大小应该是各个中介变量的间接效应的加总，即$\sum_i (a_i b_i), i = 1, \cdots, j$，总效应的大小可以通过计算$c - c'$得到。

图4-3（b）展示了自变量X通过多重中介变量影响Y的作用路径。值得注意的是，在该模型图中，各个中介变量之间并没有直接的作用关系存在。然而，在本研究的理论框架以及假设中提出了信息型断裂与团队认知动机的交互项以及信息型断裂与团队亲社会动机的交互项不但能够通过外部知识获取与内部知识整合分别影响团队创造力，还能够通过外部知识获取推动或促进内部知识整合这一作用链条，最终影响团队创造力，即外部知识获取（中介变量1）能够影响内部知识整合（中介变量2）。在以上这种作用关系下检验中介变量的作用效果就是

所谓的中介效应的三路径（Three-Path Mediated Effect）检验（Cheung 和 Lau, 2008）。中介效应的三路径模型示意图如图 4-4 所示。

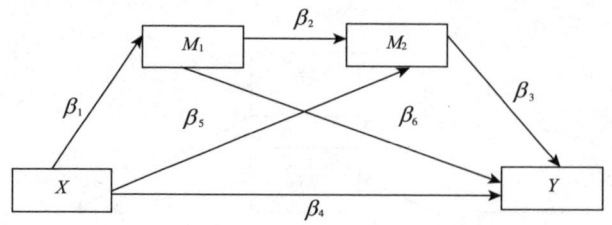

图 4-4　中介效应的三路径模型

三路径中介模型的检验需要遵循以下三个回归方程：

$$M_1 = \beta_{01} + \beta_1 X + \varepsilon_1 \quad (4-13)$$

$$M_2 = \beta_{02} + \beta_2 M_1 + \beta_5 X + \varepsilon_2 \quad (4-14)$$

$$Y = \beta_{03} + \beta_4 X + \beta_3 M_2 + \beta_6 M_1 + \varepsilon_3 \quad (4-15)$$

X 对 Y 的直接效应大小为同时控制 M_1 和 M_2 的条件下，得到的 X 的回归系数，即 β_4。而中介效应的估计则是通过计算每一条中介路径系数得到。通过前面的分析可知，在此模型中，共有 3 条中介路径：

同时经过 M_1 和 M_2 的中介效应大小为 $\beta_1\beta_2\beta_3$；只经过 M_1 的中介效应大小为 $\beta_1\beta_6$；只经过 M_2 的中介效应大小为 $\beta_5\beta_3$。

因此，总的中介效应大小就等于 3 条中介路径下得到的中介效应总和。因此，总的中介效应大小为 $\beta_1\beta_2\beta_3 + \beta_1\beta_6 + \beta_5\beta_3$。

Hayes（2008）提出，多重中介检验能够在多种理论模型中得到创造性的应用。例如，在检验被中介的调节效应时，由于这一效应本质上是有条件的间接效应检验（Conditionalindirecteffect），在面临多重中介时，也可利用多重中介检验方法进行检验。同时，这一方法还能够通过运行 k 次多重中介模型，检验具有 k 个自变量的理论模型和假设。

四、被中介的调节效应分析方法

当自变量与因变量之间的关系能够被调节变量所调节，而该调节作用能够被特定变量所中介时，称该模型为被中介的调节效应（Mediated Moderation Effect）。因此，被中介的调节效应将中介效应与调节效应进行了整合。该类型模型关注并回答的问题是：当自变量与因变量之间的关系受到个体特征或环境因素的调节作用影响时，何种过程机制能够解释上述调节效应？与被中介的调节效应模型所对应的是被调节的中介效应（Moderated Mediation）。该效应存在的前提是中介变量在自变量及结果变量之间中介效应的存在。穆勒（Muller 等，2005）对被中介的调节与被调节的中介之间的区别做出了详细说明。当中介的发生取决于调节作用的存在时，该模型称为被中介的调节模型。而当中介机制效应随着调节因素的变化而变化时，该模型被称为被调节的中介模型。学者将上述两种模型统称为有调节的中介模型，虽然这两类模型在计量方程式没有差异，但是在理论构建与结果汇报方面均存在显著差异。被调节的中介效应探讨在不同的调节变量水平下，如当调节变量水平分别为均值＋标准差（M＋1SD）以及均值－标准差（M－1SD）时，自变量通过中介变量而对因变量所产生的间接效应是否存在显著变化。而被中介的调节效应本质上则是中介效应检验，因此最终汇报结果时将汇报自变量与调节变量的乘积项（信息型断裂×团队亲社会动机以及信息型断裂×团队认知动机）通过中介变量（外部知识获取与内部知识整合）而影响因变量（团队创造力）的间接效应值，如本研究中的假设 13 至假设 16。由于信息型断裂具有潜在的"双刃剑"效应，本研究将不提出信息型断裂与团队创造力、外部知识获取以及内部知识整合之间的直接关系假设，而是提出上述变量之间的关系取决于调节变量——团队认知动机及团队亲社会动机的调节作用。由此，本研究中理论模型为被中介的调节模型。在探讨被中介的调节效应方程式时，学者在巴伦和肯尼（Baron 和 Kenny，1986）中介效应检验三步骤的基础上引入调节变量并对方程进行相应扩展。被中介的调节效应概念模型图如图 4－5 所示。

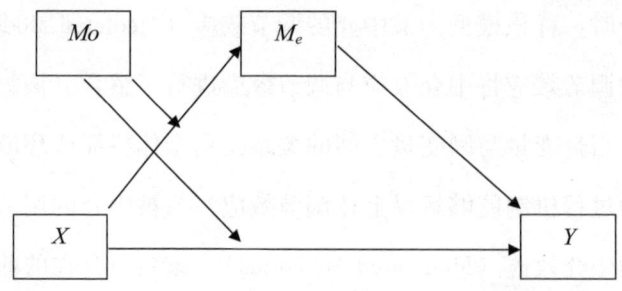

图 4-5 被中介的调节模型概念图

与中介效应检验的因果步骤法类似,被中介的调节效应检验同样需要三步。不同的是,检验被中介的调节效应时,前因变量为模型中的调节变量与自变量的乘积项。

第一步:X 与 Mo 以及二者乘积项 XMo 对 Y 进行回归,检验回归系数 β_{43},即整体调节效应(Overall Moderation Effect)的显著性;

$$Y = \beta_{40} + \beta_{41}X + \beta_{42}Mo + \beta_{43}XMo + \varepsilon_4 \quad (4-16)$$

第二步:X 与 Mo 以及二者乘积项 XMo 对 Me 进行回归,检验回归系数 β_{43} 的显著性;

$$Me = \beta_{50} + \beta_{51}X + \beta_{52}Mo + \beta_{53}XMo + \varepsilon_5 \quad (4-17)$$

第三步:将 X 与 Mo 以及二者乘积项 XMo 和中介变量 Me 同时放入回归方程,检验回归系数 β_{64} 和 β_{63} 的显著性。

$$Y = \beta_{60} + \beta_{61}X + \beta_{62}Mo + \beta_{63}XMo + \beta_{64}Me + \varepsilon_6 \quad (4-18)$$

当控制中介变量后,自变量与调节变量的乘积项 XMo 对因变量 Y 的回归系数 β_{63} 变得不显著或与 β_{43} 相比显著下降,则被中介的调节效应存在,中介变量 Me 能够完全或部分中介 Mo 对 X 与 Y 之间关系的调节作用。

本研究中,假设 13 至假设 16 属于被中介的调节效应。同时,结合假设 13 至假设 16 与假设 17 至假设 18 可构成分别以信息型断裂与团队认知动机的交互项以及信息型断裂与团队亲社会动机的交互项为自变量,外部知识获取、内部知识整合以及"外部知识获取—内部知识整合"为中介过程,团队创造力为因变量的三路径中介机制模型（检验方法在前文多重中介检验方法中做过介绍）。在实证检验中，首先将通过本小节所介绍的巴伦和肯尼（Baron 和 Kenny，1986）的分步回归法检验被中介的调节相关假设13至假设16，进而将通过系数乘积法，运行 SPSS 中的宏语言 PROCESS 中的模板6，通过得到的中介效应估计值及置信区间对假设13至假设16进行进一步验证，并对假设17至假设18进行验证。

第四节 本章小结

本章主要介绍了本书的研究设计。首先对样本的确定及调研过程和样本的基本特征做了详细说明，然后在前人研究基础上，考虑并结合本书的研究背景和样本特点，对主要研究变量的测量方法和指标进行了说明，最后对本书所采用的统计分析方法进行了简单介绍。具体来说，本研究理论模型中的假设 1 至假设 6 涉及到简单调节效应模型的检验，将利用 SPSS 进行回归分析；假设 7 至假设 9 将利用三项调节，即三项调节的调节检验方法进行验证，同时还将利用斜率比较法深入识别最具效应的斜率组合；假设 12 将利用中介效应方法进行验证；假设 13 至假设 16 将利用被中介的调节效应检验方法进行验证，同时还将利用 SPSS 中的 Macro 语法给出被中介的调节效应置信区间及估计值；最后，将利用链式中介效应检验方法验证假设 17 及假设 18，并给出链式中介效应的置信区间及估计值。

第五章

实证分析与结果

第五章

完済分離と決算

本章将利用收集到的 124 个知识团队样本对本研究所提出的理论研究模型及假设进行实证检验，并分析实证结果。具体来说，将通过信度和效度检验量表可靠性，通过分步线性回归初步检验各个假设，进而通过 SPSS 的 Macro 程序精确得到假设检验结果，包括中介效应以及被调节的中介效应估计值，从而进一步验证假设和理论模型。最后，将对实证结果进行深入分析，以发现变量间新的作用规律。

第一节　信度与效度检验

一、信度分析

变量的信度（Reliability）反映了构成变量的指标的内部一致性，本研究用 Cronbach's α 系数和组合信度来对变量的信度进行评估。

（一）Cronbach's α 系数

变量的信度（reliability）反映了构成变量的指标的内部一致性，一般采用 Cronbach's α 系数对其内部一致性进行估计和评价，通常在 α 系数大于 0.7 时就可以认为信度符合要求。虽然本文的多数变量来自于国外成熟的量表，但我们对这些测量题项进行了适当调整。本研究采用克朗巴赫 Cronbach's α 系数大于 0.7 作为变量是否具有较好的信度的标准。

（二）组合信度

在《结构方程模型——AMOS 的操作与应用》一书中，吴明隆（2010）提出，组合信度（Composite Reliability）可以作为检验潜变量的信度指标。他认为，如果潜在变量的组合信度值在 0.6 以上，那么就表示潜在变量与其形成指标之间构成的模型内在质量理想（吴明隆，2010）。

组合信度的计算要利用各个变量的指标因子负载量（标准化的回归系数）和误差变异量来估算。需要说明的是，这里的因子负载量是通过验证性因子分析计算得到的各个指标在对应变量上的因子载荷值，不同于探索性因子分析的因子得分。组合信度的计算公式如下：

$$\rho_c = \frac{(\sum \lambda^2)}{[(\sum \lambda^2) + \sum \theta]} = \frac{(\sum (\text{标准化因子载荷})^2)}{[(\sum (\text{标准化因子载荷})^2) + \sum \theta]} \quad (5-1)$$

上述公式中，ρ_c 为组合信度；λ 为指标变量在对应潜变量上面的标准化参数估计值；θ 为指标变量的误差变异量。

从表 5-1 中可以看出，变量的克朗巴赫 Cronbach's α 系数均大于 0.80，并且各个潜变量的组合信度的值也都在 0.85 以上，说明本研究所采用的变量测量在样本数据中表现出了良好的内部一致性特征。

表 5-1 各变量信度分析结果

变量	测量题项	因子载荷	α 值	组合信度
团队认知动机	我们团队喜欢复杂的问题多于简单的问题	0.731	0.950	0.952
	我们团队喜欢负责完成需要缜密思考的事情	0.699		
	对团队成员来说思考不是有趣的事（反）	0.810		
	相比挑战思维能力的事情，团队宁愿做那些不费脑力的事情（反）	0.847		
	我们团队尽量避免那些必须深入思考的事情（反）	0.829		
	团队成员会从长时间的深思考中获得满足感	0.806		
	团队成员只会在迫不得已的情况下才努力思考某个问题	0.772		

续表

变量	测量题项	因子载荷	α值	组合信度
团队认知动机	相比做长远的规划，团队成员宁愿做一些日常计划	0.781	0.950	0.952
	团队成员喜欢干那些一旦学会了就不费脑力的事情（反）	0.745		
	"思考使人更优秀"的想法很吸引我们团队中的成员	0.817		
	我们团队很喜欢用新方法才能解决的任务	0.785		
	学习新的思考方式不能使团队成员很兴奋（反）	0.833		
团队亲社会动机	团队成员都希望通过自己的工作使他人获益	0.855	0.895	0.896
	团队成员都希望通过自己的工作帮助他人	0.792		
	团队成员都希望对他人的生活产生积极的影响	0.838		
	对所有团队成员来讲，通过自己的工作使他人获益很重要	0.819		
外部知识获取	团队成员能够从企业内外部积极寻求建议和支持	0.884	0.903	0.905
	团队成员能够不断从外部环境中获取先进技术信息和理念	0.875		
	团队成员会不断审视组织内外部环境以获取市场信息和营销知识	0.840		
	团队成员会经常参与专业研讨会以获取当前各个行业最新技术发展信息	0.756		
内部知识整合	团队成员将个人拥有的专业知识在团队层面进行整合	0.838	0.889	0.890
	团队成员能够整合多个专业领域知识而形成对任务的整体认知	0.735		
	团队成员清楚地知道如何将任务的各个阶段成果进行整合	0.848		
	团队成员能够将新获取的任务相关知识与已有知识进行有效融合	0.844		

续表

变量	测量题项	因子载荷	α值	组合信度
团队创造力	您领导的团队			
	能够经常提出与任务相关的新颖想法	0.775	0.910	0.911
	能够经常提出与任务相关的有用想法	0.903		
	是具有创造性的	0.893		
	提出的想法对组织具有重要意义	0.817		
任务复杂性	完成团队任务所需要的技术、知识、信息在不断地快速更新和变化	0.794	0.855	0.857
	任务完成过程中经常有意外情况的出现，解决这些问题需要不同以往的方法和流程	0.877		
团队互依性	如果没有其他团队成员提供知识和资料，我将难以完成任务	0.911	0.885	0.886
	其他团队成员依赖于我所掌握的知识和信息来完成任务	0.872		
	在团队中，成员所承担的工作或任务具有高度的关联性	0.793		

二、效度分析

效度（validity）是指概念定义（Conceptual Definition）和操作化定义（Operational Definition）之间是否吻合的程度。效度可分为四种类型：表面效度（Face Validity）、内容效度（Content Validity）、校标效度（Criterion Validity）和构建效度（Construct Validity）。其中，校标效度又包括同时效度（Concurrent Validity）和预测效度（Predictive Validity）；结构效度又包括聚合效度（Convergent Validity）和区分效度（Discriminant Validity）。以往的学者认为，测量的效度可以用内容效度和结构效度来检验。

(一) 内容效度

内容效度是指测量内容在多大程度上反映或代表了研究者所要测量的构念（Haynes，Richard 和 Kubany，1995）。海恩斯等（Haynes 等，1995）指出，在三种情况下，测量的内容效度可能会受到损害：（1）遗漏了一些反映构念内容的测量指标；（2）包含了一些与构念内容无关的指标；（3）在估计构念的不同成分对测验分数的影响时出现偏颇。只有我们对一个构念的测量涵盖了它的所有层面及意义时，才能保证所采用的变量测量工具是具有内容效度的。内容效度的重要性在量表的初始编制过程中显得尤为重要，为此，斯特劳布（Straub，1989）提出，内容效度可以通过采用已有文献中得到的其他研究者验证过的成熟量表来实现。国内学者王重鸣（2001）认为，内容效度的评定主要通过经验判断进行，可以请一些熟悉该测量内容的专家来评判，确定测量题项是否包含被测变量内容所有的信息，属于一种主观的和定性的判断方式。为了保证测量量表的内容效度，本研究首先对各个变量已有的测量文献进行了总结与梳理，结合实际问题的研究背景，对已有的量表进行修订和改编；其次，在问卷的首页为被访者提供了问卷填写说明，明确告诉他们本次调研的目的，对每部分所问的问题都进行了比较详尽的说明；再次，通过在陕西地区企业的预调研，对量表的内容的描述进行了合理修正；最后，将量表送交有关专家与学者，就内容进行咨询和访谈，在他们的意见的基础上，对问卷进行再次修订，得到最终使用的问卷。通过上述的过程，本研究保证了所使用的量表有很好的内容效度。

(二) 结构效度

结构效度是指量表在多大程度上反映了所要测量的变量而不是其他变量，它是理解测验结果含义的最重要的效度指标之一。通常使用坎贝尔（Campbell）和费斯克（Fiske）在1959年提出的聚合效度（Convergent Validity）和区分效度（Discriminant Validity）来检验调查量表的结构效度。

1. 聚合效度

聚合效度是指一群指标测量了一个共同变量的程度。对于聚合效度的优劣可以从以下几个方面进行判断。

（1）因子载荷

在实际的验证性因子分析中，可以通过验证性因子分析所得出的因子载荷及其显著性来检验测量的聚合效度。一般来说，因子载荷大于0.7是聚合效度较好的标准，但是后来的研究者认为这个标准过于严格，例如，胡兰德（Hulland，1999）认为只有当题项的因子负荷小于0.4或0.5时，才需要考虑从因子题项中剔除该题项。从表5-1中的因子载荷列可以看出本研究中各个变量的测量指标的因子负载，各项指标的因子载荷均大于0.700，说明各个变量的测量整体上具有比较满意的聚合效度（Hulland，2015）。

（2）平均提炼方差

平均提炼方差（Average Variance Extracted，简称AVE）是与组合信度相类似的一个指标。它可以直接显示被潜在构念所揭示的变异量有多少是来自测量误差，是潜变量解释其指标变量变异量的比值，是一种收敛效度的指标。平均提炼方差越大，指标变量被潜变量构念解释的变异量百分比就越大，相对的测量误差也就越小，表示测量指标越能有效地反映共同因素构念的潜在特质。一般的判别标准是平均提炼方差要大于0.5（吴明隆，2010）。平均提炼方差的计算公式如下：

$$\rho_c = \frac{(\sum \lambda^2)}{[(\sum \lambda^2) + \sum \theta]} = \frac{(\sum (\text{标准化因子载荷})^2)}{[(\sum (\text{标准化因子载荷})^2) + \sum \theta]} \quad (5-2)$$

根据公式（5-2）计算得到各个变量的平均误差抽取量（AVE）的结果如表5-2所示。

表 5-2 变量的平均提炼方差（AVE）的结果

变量	AVE 值	变量	AVE 值
团队认知动机	0.623	团队创造力	0.693
团队亲社会动机	0.682	任务复杂性	0.749
外部知识获取	0.706	团队互依性	0.795
内部知识整合	0.669		

由表 5-2 可以看出，各个变量 AVE 的值均大于 0.5，表明各个测量指标在对应的潜变量上具有较好的聚合效度。

（2）区分效度

区分效度反映了不同结构变量的测量具有差异性和独特性。区分效度可以通过比较每个结构变量的平均提炼方差（Average Variance Extracted，AVE）是否大于它与其他变量之间的相关系数的平方，或者采用每一个变量的 AVE 的平方根是否大于该变量和其他变量之间的相关系数来进行判断。以内部知识整合为例。内部知识整合的 AVE 平方根值为 0.818，然后将 0.818 与内部知识整合与其他所有变量之间的相关系数进行比较。如果 0.818 大于任何一个相关系数，那么就可以认为内部知识整合这一构念与其他构念之间具有良好的区分效度。其他变量的区分效度也可依照这一方法进行。

另一方面，在验证性因子分析中，可以让两个不同因子之间自由相关，然后将两个因子的关系固定为 1 来计算限制模型与自由估计模型间的卡方（χ^2）的差值，若限制模型与自由估计模型的 χ^2 差值存在显著的差异，就表示自由估计模型比固定系数为 1 的模型要好，也就是说这两个因子具有良好的区分效度。因此，从统计的意义上讲，只要限制模型与自由估计模型的 χ^2 差值达到显著性水平（$p<0.05$），就说明这两个因子具有较好的区分效度。我们采用第一种方法判断量表的区分效度，将 AVE 的平方根与相关系数矩阵中的相关系数进行比较，比

较的结果见后文中的表 5-4。从表 5-4 中可以看出，本研究中，主要研究变量的 AVE 的平方根值均大于它们与其他变量的相关系数，说明本书的主要研究变量之间具有较好的区分效度（表 5-4 中数据均为团队层面数据）。

第二节　个体层面数据聚合为团队层面数据的检验

在实证分析时,研究者首先要确认并界定其研究所涉及的研究层面。如个体层面、团队层面、组织层面、跨层研究及多层研究等。其中不同层面的构念对应不同的测量模型。如测量"团队氛围"时,如果是个体感知的企业氛围,那么就是个体层面变量;而如果是"团队成员所共同感受到的团队氛围",那么该构念则应该是团队层面变量,即使是由个体进行测量,其题项的参照人也应该为"在该团队中"等。简单来说,变量是哪个层面,则测量就应该在相应层面进行。然而,在做研究时,并不是每一次都能够做到研究层面与测量层面的匹配,究其原因,主要是因为高层构念并不容易直接测量。而且,有些变量或构念的定义本身就决定了其测量应该为个体层面,然后才能在高层进行加总,如氛围构念、团队过程、涌现状态等相关的构念。

划分团队层面研究具体类型主要依据以下指标或标准:

(1) 数据收集层面:来源于个体报告还是直接得到总体数据;

(2) 参照层面:每位问卷答题者是对自己进行评价还是对团队或组织(整体)作出评价;

(3) 汇总过程:如何从个体数据汇总到群体数据;关于内部一致性假设:是否需要成员意见的一致性作为数据汇总前提。基于以上几点标准,当前,由低层(个体)向高层(团队)聚合的构念模型主要有以下几类:

(1) 选择分数模型(Selected Score Model)。即研究者选择群体中一个典型个体分数作为整体的测量。

（2）归纳指标模型（Summary Index Model）。即直接将团队内部个体的变量得分进行加总平均而无需计算个体之间的内部一致性指标等。如团队成员平均工作年限、团队成员情绪智力水平等。

（3）总体指标模型（Global Model）。通过外部观察者、主管评分等测量方式来测量潜变量或构念。由于是团队领导或上级管理者直接评价，该模型同样不需要成员意见一致性指标。本研究中团队创造力属于总体指标模型，该变量由团队领导进行评价和打分，因此无需进行个体层面数据向团队层面数据聚合的指标检验。

（4）共同一致性模型（Consensus Model）。该模型适用于在定义时就包含了"成员共同的/共享的…"含义。这些构念虽然由个体员工进行回答，但是其反应了更为高层（团队）的构念。由个体测量向团队进行加总评分的时候需要提供团队成员的内部一致性指标。本研究涉及到的主要变量外部知识获取、内部知识整合，以及控制变量中的任务复杂性与团队任务互依性等均属于该类模型。

（5）参照转移模型。当构念评价对象由个体变为他人（如领导等）或团队时，虽然题项测量的构念一样，但是对象已经发生改变。最后团队层面测量是所有成员数据的平均值代表，需要提供团队成员测量内部一致性的指标来判断个体层面测量能否聚合为团队层面构念。本研究中团队认知动机和亲社会动机隶属于该类模型。

（6）分散度模型/结构指标模型（Dispersion Model/Configural Model）。该类型的测量聚焦于成员之间的差异，可以用极差、标准差等指标来进行反映。该类型模型不需要提供团队内部一致性指标，因为该类型构念本身聚焦的就是成员构成的差异化程度以及结构特征。信息型断裂是基于个体层面成员属性特征，通过特定算法而得出的团队层面变量，反映了团队成员构成多样性的结构特征，因此信息型团队断裂属于该类模型中的结构指标模型。控制变量中的职能背景多样化等属于分散度模型。

本研究为团队层面研究,在涉及到的核心变量中,团队创造力评分属于总体指标模型,由团队领导直接打分得到团队层面数据,因此不需要进行个体数据向团队层面的聚合。其余变量如团队认知动机、团队亲社会动机、外部知识获取、内部知识整合、任务复杂性及团队互依性则是由个体成员对团队整体状况进行打分,需进行个体层面数据向团队层面聚合的指标检验,包括以下指标:R_{wg},ICC1 以及 ICC2。

R_{wg}(Within – Group Interrater Reliability),团队内部评价一致性指标,也称组内评分者信度。$R_{wg} = 1 - \sigma_x^2/\sigma_{EU}^2$,其中,$\sigma_{EU}^2$ 是随机分布方差,σ_x^2 是实际观察到的评分方差。如果实际评分方差很小,就代表团队评分一致性极大,这时 R_{wg} 就会接近 1。R_{wg} 的取值范围在 0 到 1 之间(James 等,1993)。

ICC(Intra – Class Correlation),称为组内相关系数,分为组内相关系数 1(ICC1)以及组内相关系数 2(ICC2)。组内相关系数 1(ICC1)提供了这样一种估计:特定变量在个体层面的变异在多大程度上能够被团队层面所解释。ICC1 的计算基于单因素方差检验。其公式为:

$$\text{ICC1} = \frac{\text{MSB} - \text{MSW}}{\text{MSB} + [(k-1) \times \text{MSW}]} \qquad (5-3)$$

其中,MSB 为平均组间方差,MSW 为平均组内方差。组内相关系数 1(ICC1)取值范围为 0~1。在具体计算时,可通过方差分析得出 MSB 以及 MSW 数值,并进而通过该公式计算得出每个潜变量的组内相关系数 1(ICC1)值。

组内相关系数 2(ICC2)为团队加总平均提供了信度,其公式为:

$$\text{ICC2} = \frac{k\text{ICC}(1)}{1 + (k-1)\text{ICC}(1)} = \frac{\text{MSB} - \text{MSW}}{\text{MSB}} \qquad (5-4)$$

其中,R_{wg} 一般大于 0.7,ICC1 一般大于 0.05。ICC2 大于 0.7 的标准在很多文献中有被提及，然而，对于组内相关系数2（ICC2）这一指标到底应该满足何种条件，文献中并没有绝对的统一答案。学者们一般都是基于詹姆斯（James, 1982）和布利赛（Bliese, 2000）的研究基础，并结合特定的研究背景进行判断。除了以0.7为标准进行判断外，还有研究以ICC2大于0.6为标准，如赫尔利（Hurley）和霍特（Hult）（1998），梁，常和王（Liang, Chang和Wang, 2011）；以组内相关系数2（ICC2）大于0.5的标准进行研究的有阿沃利奥和朱等（Avolio和Zhu等，2004），DeRue等（2010）；甚至，在ICC2小于0.5的条件下进行研究的也有，如霍夫曼和琼斯（Hofmann和Jones, 2005），刘和巴特（Liu和Batt, 2010）。ICC2的判断标准之所以不统一是因为：组内相关系数2（ICC2）的大小与ICC1和群体规模的大小有关系。克莱恩（Klein, 2000）和科兹洛夫斯基（Kozlowski, 2000）指出，在组内相关系数1（ICC1）是0.2，平均的群体规模为5的情况下，ICC2的值为0.56，而当群体规模的平均大小在20的时候，则组内相关系数2（ICC2）将达到0.71（Klein等，2000）。ICC2能满足0.7的标准是最理想的，当不能满足这一理想条件时，阿沃利奥和朱等（Avolio和Zhu等，2004）在其研究中提出："基于R_{wg}和ICC的一致性检验虽然还没有绝对的标准，但是在满足R_{wg}大于等于0.7以及ICC1的值大于0.05的条件下，足以说明一致性是通过的"。根据以上分析，我们在进行一致性检验的过程中，各个指标的判别标准为：团队内部评价一致性指标（R_{wg}）大于等于0.7；组内相关系数1（ICC1）的值大于0.05；组内相关系数2（ICC2）大于0.5。从表5－3中可以看到，团队认知动机、团队亲社会动机、外部知识获取、内部知识整合、任务复杂性、团队互依性等变量均达到上述聚合指标要求（其中R_{wg}汇报最小值）。因此，个体层面数据能够通过平均化处理后聚合为团队层面变量并进行后续假设检验。

表 5-3　个体层面数据向团队层面数据聚合的指标验证

变量	R_{wgmin}	ICC1	ICC2
团队认知动机	0.883	0.122	0.605
团队亲社会动机	0.892	0.171	0.620
外部知识获取	0.923	0.153	0.614
内部知识整合	0.863	0.185	0.701
任务复杂性	0.894	0.227	0.733
团队互依性	0.895	0.220	0.721

第三节 统计分析结果

一、描述性统计分析结果

从表 5-4 中可以看到,每个潜变量的均值、方差与相关系数均在正常范围内,这也就意味着社会偏好误差(Social Desirability Bias)在本研究中并不严重(De dreu 和 Nauta,2009)。从相关系数的大小判断,潜变量之间的相关关系与研究假设基本保持一致。其中,部分潜变量之间的相关系数在 0.300 与 0.700 左右,属于中等程度的相关关系。例如,外部知识获取与内部知识整合与团队创造力之间的相关系数分别为 0.459 和 0.682 ($p < 0.01$)。与研究假设的分析一致,信息型断裂与外部知识获取、内部知识整合以及团队创造力之间并没有显著的相关关系($p > 0.5$)。此外,可以注意到,信息型多样性与信息型断裂之间的相关程度并不高。这一相关分析结果与当前研究结论一致,即虽然团队断裂的产生基于一定程度的团队多样性,但与团队断裂是两个截然不同的反映团队构成的理论构念。团队多样性基于分散方法(Dispersion Approach),而团队断裂则基于聚合方法(Alignment Approach)。因此二者之间仅仅是中等程度相关关系。

表 5-4 描述性统计分析、相关系数及 AVE 平方根值

变量	均值	标准差	1	2	3	4	5	6	7	8	9	10	11	12	13	14
1. 团队成立年限	29.391	9.580														
2. 团队规模	6.401	2.584	0.111													
3. 职能多样性	0.552	0.174	0.121	0.070												
4. 专业多样性	0.434	0.223	0.010	0.003	0.033											
5. 任期多样性	3.732	1.175	0.010	0.092	0.042	0.045										
6. 子团队均衡性	-0.731	0.223	0.003	0.031	0.013	0.052	0.030									
7. 任务复杂性	5.210	0.576	0.024	0.036	0.114	0.053	0.081	0.003	0.865							
8. 团队互依性	5.483	0.795	0.002	0.015	0.040	0.071	0.022	0.001	0.005	0.892						
9. 信息型断裂	0.508	0.177	0.012	0.022	0.202*	0.214*	0.321**	0.052	0.016	0.112						
10. 外部知识获取	5.203	0.644	0.091	0.103	0.031	0.093	0.103	0.033	0.222*	0.064	0.105	0.840				
11. 内部知识整合	5.175	0.691	0.063	0.011	0.052	-0.101	-0.066	0.042	0.103	0.189*	0.073	0.443**	0.818			
12. 团队认知动机	5.173	0.622	0.044	0.011	0.010	0.034	0.024	0.002	0.008	0.035	0.025	0.418**	0.379**	0.789		
13. 团队亲社会动机	5.385	0.781	0.013	0.125	0.030	0.091	0.022	0.001	0.006	0.037	0.015	0.274**	0.225*	0.053	0.826	
14. 团队创造力	5.294	0.598	0.062	0.033	-0.014	0.143*	0.060	0.061	0.164*	0.103	0.092	0.459**	0.682**	0.422*	0.229*	0.849

注：p=124。** 表示 p<0.01，* 表示 p<0.05。其中团队成立年限以月为单位。相关系数矩阵下三角中，主要变量的 AVE 的平方根值在对角线上，加粗显示。

二、多重共线性

多重共线性是指某些自变量彼此相关，对回归方程的效果造成影响。多重共线性的检验方法有容忍度（Tolerance）、方差膨胀因子（Variance Inflation Factor, VIF）、特征值（Eigenvalues）、条件指数（Condition Index）和方差比例（Variance Proportions）等多种。本研究采用方差膨胀因子（VIF）对多重共线性进行检验。自变量 x_i 的方差膨胀因子记为 VIF_i，其计算方法为 $VIF_i = (1 - R_i^2)^{-1}$。其中 R_i^2 是以 x_i 为因变量时对其他变量回归的复测算系数。所有 x_i 中 $(VIF)_i$ 的最大值如果大于 10，则表示多重共线性的可能性很大。本研究中主要变量的 VIF 值均小于 10，所以本研究的自变量不存在严重的多重共线性问题。

三、回归分析结果

本研究将利用 SPSS22.0 软件，通过多元化回归分析方法对假设 1 至假设 16 进行检验。表 5-5 汇总了通过分步回归方法得到的本研究部分假设检验结果（除假设 12、假设 17 及假设 18 外）。多元回归分析的步骤包括：（1）控制变量进入回归方程；（2）自变量（信息型断裂）及调节变量（团队认知动机及亲社会动机）进入回归方程，检验主效应；（3）将涉及到调节作用检验的预测变量进行中心化（Aiken 和 West，1991），使自变量分别与两个调节变量的乘积项以及自变量与两个调节变量的三项交互进入回归方程；（4）使中介变量（外部知识获取与内部知识整合）进入回归方程。下面将按照不同假设内容对分步线性回归结果进行展示。

表 5-5 分步线性回归结果汇总

自变量	中介变量: 外部知识获取			中介变量: 内部知识整合			结果变量: 团队创造力			
	模型 1	模型 2	模型 3	模型 4	模型 5	模型 6	模型 7	模型 8	模型 9	模型 10
步骤 1: 控制变量										
团队规模	0.011	0.010	0.010	0.022	0.020	0.020	0.013	0.013	0.011	0.011
团队成立年限	0.033	0.033	0.033	0.031	0.041	0.041	0.031	0.002	0.042	0.042
职能多样性	0.022	0.021	0.031	0.031	0.025	0.012	-0.043	-0.031	-0.033	-0.033
专业多样性	0.052	0.052	0.044	-0.010	-0.011	-0.013	0.013	0.031	0.033	0.05
任期多样性	0.030	0.035	0.032	-0.029	-0.030	-0.031	0.031	0.020	0.024	0.040
任务复杂性	0.233*	0.235*	0.230*	0.101	0.095	0.095	0.047	0.065	0.065	0.049
团队互依性	0.015	0.016	0.015	0.075	0.080	0.079	0.031	0.027	0.027	0.028
信息型子团队均衡性	0.053	0.052	0.049	0.050	0.035	0.033	0.022	0.022	0.023	0.025
步骤 2: 主效应										
信息型断裂		0.150	0.142		0.040	0.040		0.075	0.070	0.070
团队认知动机		0.243**	0.235**		0.217*	0.205*		0.166*	0.163*	0.165*
团队亲社会动机		0.155*	0.160*		0.136	0.140		0.108	0.115	0.109
步骤 3: 交互项										
信息型断裂 × 团队认知动机			0.223***			0.061			0.310***	0.063
信息型断裂 × 团队亲社会动机			0.126**			0.283***			0.285***	0.044
团队认知动机 × 团队亲社会动机			0.392**			0.422**			0.274**	

续表

自变量	中介变量: 外部知识获取			中介变量: 内部知识整合			结果变量: 团队创造力			
	模型 1	模型 2	模型 3	模型 4	模型 5	模型 6	模型 7	模型 8	模型 9	模型 10
信息型断裂 × 团队认知动机 × 团队亲社会动机			0.071			0.165**			0.364**	
步骤 4: 中介变量										
外部知识获取							0.064	0.185		0.335**
内部知识整合							0.059	0.175		0.287**
R^2	0.086	0.278	0.455	0.096	0.201	0.303	0.059	0.116**	0.346	0.485
调整后 R^2	0.077	0.254	0.413	0.092	0.167	0.297	0.059	0.116**	0.323	0.479
ΔR^2	0.077	0.177*	0.159**	0.092	0.075*	0.130**	0.722	2.792**	0.159**	0.156***
F 值	0.691	2.133*	2.569**	0.741	2.019*	3.113**	0.722	2.792**	4.688**	7.206***

注: $N=124$。***表示 $p<0.001$, **表示 $p<0.01$, *表示 $p<0.05$。表中汇报标准化回归系数。

(一) 团队认知动机的调节作用

假设1提出团队认知动机能正向调节信息型断裂与团队创造力之间的关系。回归结果显示，信息型断裂对团队创造力的主效应不显著，$\beta = 0.075$，$p > 0.05$（模型8步骤2）。而通过模型9步骤3可以看到，信息型断裂与团队认知动机的交互项能够与团队创造力呈显著的正相关关系，$\beta = 0.310$，$p < 0.001$。因此，假设1得到验证。假设2提出团队认知动机能够积极调节信息型断裂与外部知识获取之间的关系。从表5-5中模型2步骤2可以看出，信息型断裂对外部知识获取的主效应并不显著，$\beta = 0.150$，$p > 0.05$。模型3步骤3则显示，信息型断裂与团队认知动机的交互能够显著促进外部知识获取，$\beta = 0.223$，$p < 0.001$。因此，假设2得到验证。假设3提出团队认知动机能够正向调节信息型断裂与内部知识整合之间的关系。从模型6步骤2可以看到，信息型断裂对内部知识整合的主效应不显著，$\beta = 0.040$，$p > 0.05$。从模型6步骤3可以看出，信息型断裂与团队认知动机的交互项与内部知识整合之间的关系不显著，$\beta = 0.061$，$p > 0.05$。因此，假设3没有得到统计支持。

(二) 团队亲社会动机的调节作用

假设4提出团队亲社会动机能够正向调节信息型断裂与团队创造力之间的关系。通过模型9步骤3可以看到，信息型断裂与团队亲社会动机的交互作用能够显著促进团队创造力，$\beta = 0.285$，$p < 0.001$。因此，假设4得到验证。假设5提出，团队亲社会动机能正向调节信息型断裂与外部知识整合之间的关系。通过模型6步骤3可以看到，信息型断裂与团队亲社会动机的交互项与外部知识获取之间呈显著的正相关关系，$\beta = 0.126$，$p < 0.001$。因此，假设5得到统计支持。假设6提出团队亲社会动机能正向促进信息型断裂与内部知识整合之间的关系。从模型6步骤3可以看到，信息型断裂与团队亲社会动机的交互项与内部知识整合之间呈显著的正相关关系，$\beta = 0.283$，$p < 0.001$。因此，假设6得到统计支持。

(三) 团队认知动机与团队亲社会动机交互的调节作用

假设 7 提出，团队认知动机与团队亲社会动机的交互作用能够显著正向调节信息型断裂与团队创造力之间的关系。依据模型 9 步骤 3 的结果可知，信息型断裂、团队认知动机与团队亲社会动机的三项交互与团队创造力之间呈显著的正相关关系，$\beta = 0.364$，$p < 0.01$。因此，假设 7 得到验证。假设 8 提出，团队认知动机与团队亲社会动机的交互作用能够积极调节信息型断裂与外部知识获取之间的关系。依据模型 3 步骤 3 的结果可知，信息型断裂、团队认知动机与团队亲社会动机的三项交互与外部知识获取之间的关系不显著，$\beta = 0.071$，$p > 0.05$。因此，假设 8 没有得到实证支持。假设 9 提出，团队认知动机与团队亲社会动机的交互能够正向调节信息型断裂于内部知识整合之间的关系。步骤 3 模型 9 分步回归结果显示，信息型断裂、团队认知动机与团队亲社会动机的三项交互与内部知识整合之间呈显著的正相关关系。其中，$\beta = 0.165$，$p < 0.01$。因此，假设 9 得到实证检验的支持。

(四) 团队整合能力（外部知识获取与内部知识整合）对团队创造力的影响

假设 10 提出，外部知识获取与团队创造力之间呈正相关关系。通过表 5 - 5 模型 3 步骤 4 可以看到，外部知识获取对团队创造力的标准化回归系数显著，$\beta = 0.335$，$p < 0.01$。因此假设 10 得到实证支持。假设 11 提出，内部知识获取能正向促进团队创造力，通过模型 3 步骤 4 可以看到，内部知识整合与团队创造力呈显著的正相关关系，$\beta = 0.287$，$p < 0.01$。因此，假设 11 得到实证支持。

假设 12 提出内部知识获取能够中介外部知识获取对团队创造力的直接效应。本研究将初步采用 Baron 和 Kenny（1986）的因果步骤法验证假设 12。表 5 - 6 汇总了内外知识整合在外部知识获取与团队创造力之间的中介作用检验结果。从表 5 - 6 模型 2 步骤 2 可以看出，外部知识获取（自变量）对团队创造力（结果变量）的回归系数显著，$\beta = 0.337$，$p < 0.01$。从模型 5 步骤 2 可以看出，外部知识获取（自变量）对内部知识整合（中介变量）的回归系数显著，$\beta = 0.472$，

$p < 0.001$。知识获取（自变量）与内部知识整合（中介变量）同时放入模型中（模型 3 步骤 3）对团队创造力进行回归，外部知识获取对团队创造力的回归系数显著下降但仍显著（从 $\beta = 0.337$，$p < 0.01$ 到 $\beta = 0.204$，$p < 0.05$），内部知识整合对团队创造力的回归系数显著，$\beta = 0.293$，$p < 0.01$。由此，内部知识整合在外部知识获取与团队创造力之间起到部分中介作用。假设 12 得到验证。

表 5-6 内部知识整合的中介作用回归结果

变量	团队创造力			内部知识整合	
	模型 1	模型 2	模型 3	模型 4	模型 5
步骤 1：控制变量					
团队规模	0.013	0.011	0.022	0.021	0.023
团队成立年限	0.003	0.003	0.003	0.025	0.025
职能多样性	-0.033	-0.033	-0.030	0.025.	0.025
专业多样性	0.033	0.031	0.030	-0.011	-0.011
任期多样性	0.024	0.025	0.025	-0.030	-0.029
任务复杂性	0.066	0.065	0.065	0.109	0.102
团队互依性	0.032	0.031	0.075	0.080	0.069
信息型子团队均衡性	0.022	0.022	0.024	0.03	0.03
步骤 2（自变量）					
外部知识获取		0.337**	0.204*		0.472***
步骤 3（中介变量）					
内部知识整合			0.293**		
R^2	0.026	0.241	0.373	0.066	0.264
调整后的 R^2	0.021	0.202	0.355	0.053	0.257
ΔR^2	0.021	0.181**	0.153**	0.053	0.204**
F 值	0.780	4.622**	3.344**	1.071	6.758**

注：$N=124$，***表示 $p<0.001$，**表示 $p<0.01$，*表示 $p<0.05$。表中汇报标准化回归系数。

(五) 团队整合能力 (外部知识获取与内部知识整合) 的中介作用

假设13至假设16是被中介的调节效应检验，需要验证外部知识获取与内部知识整合在信息型断裂与团队认知动机以及信息型断裂与团队亲社会动机的交互项对团队创造力所产生的直接效应中所起到的中介作用。依据巴伦（Baron）和肯尼（Kenny）（1986）所提出的有调节的中介模型检验方法，检验假设13至假设16需要满足四个条件。首先，信息型断裂与调节变量（团队认知动机及团队亲社会动机）的交互项能够显著促进团队创造力；其次，信息型断裂与调节变量（团队认知动机及团队亲社会动机）的交互项能够显著促进外部知识获取与内部知识整合；第三，中介变量（外部知识获取与内部知识整合）能够显著促进团队创造力；最后，将中介变量加入回归模型，信息型断裂与调节变量对团队创造力的回归系数由显著变为不显著，或者显著下降，则中介变量的中介效应能够被验证。由假设1可知，信息型断裂与团队认知动机的交互能够显著促进团队创造力；由假设2可知，信息型断裂与团队认知动机的交互能够积极促进外部知识获取；由假设10可知，外部知识获取能够显著促进团队创造力；最后，由表5-5步骤4模型10可知，若外部知识获取、内部知识整合和信息型断裂与团队认知动机的交互项同时放入回归模型中，信息型断裂与团队认知动机的交互项对团队创造力的回归系数由显著变为不显著（从 $\beta = 0.310, p < 0.001$ 下降为 $\beta = 0.063, p > 0.05$）。由于信息型断裂与团队认知动机的交互项对内部知识整合的促进作用不显著（假设4），即不满足被中介的调节效应存在的第二个条件，因此，内部知识整合在团队认知动机对信息型断裂与团队创造力之间关系所起到的调节效应中的中介作用没有得到验证。团队认知动机在信息型断裂与团队创造力之间的调节作用主要由外部知识获取中介。由此，假设13得到初步验证，而假设14则没有得到统计结果支持。

对假设4至假设6的检验验证了信息型断裂与团队亲社会动机的交互项能够

显著促进团队创造力、外部知识获取及内部知识整合。通过假设10和假设11的检验结果可知，外部知识获取与内部知识整合能够显著促进团队创造力。由表5-5步骤4模型10可知，当外部知识获取与内部知识整合与信息型断裂和团队亲社会动机的交互项同时放入回归方程之后，信息型断裂与团队亲社会动机的交互项对团队创造力的显著回归系数变为不显著（从$\beta = 0.285, p < 0.001$下降为$\beta = 0.044, p > 0.05$）。因此，外部知识获取与内部知识整合能够中介团队亲社会动机在信息型断裂与团队创造力之间关系中所起到的调节效应。假设15及假设16得到初步验证。

四、间接效应及被中介的调节效应检验

通过多元分步回归方法，本研究对假设1至假设16进行了检验。本研究中假设12至假设18涉及到（有条件的）间接效应检验。通过在第四章第三节对中介效应的检验方法介绍中可知，采用因果步骤法检验中介效应（包括被调节的中介效应）具有一定局限性。其中最主要的局限在于因果步骤法只能判断中介效应是否存在，并不能得到间接效应值（Preacher等，2007；Hayes，2013）。不同于因果步骤法，系数乘积法不要求自变量与因变量之间的直接关系必须是显著的。该方法直接检验中介效应的大小是否显著区别于0，因此，可以得到中介效应大小的点估计值以及相应的置信区间。因此，本研究将通过系数乘积法进一步验证假设12至假设16并验证假设17及假设18。

（一）内部知识整合在外部知识获取与团队创造力之间的间接效应检验

假设12提出内部知识整合能够中介外部知识获取对团队创造力所起到的直接影响。在间接效应检验中，普里彻（Preacher，2004）所提出的不对称置信区间间接效应检验方法得到普遍应用（Preacher等，2004）。相较于Sobel检验，不对称置信区间间接效应检验方法对样本没有正态分布要求，通过间接效应的点估计值及不对称置信区间判断间接效应的大小及显著性。当间接效应置信区间不包

含 0 时，间接效应显著。通过在 SPSS22.0 软件中运行普里彻（Preacher，2004）间接效应语法（Syntax）得到假设 12 的验证结果。结果表明，外部知识获取通过内部知识整合对团队创造力所产生的间接效应点估计值为 0.132，95% 置信区间为（0.035，0.211），置信区间内不包含 0。因此，假设 12 进一步得到支持。

（二）被中介的调节效应（三路径中介效应）检验

假设 13 至假设 18 属于被中介的调节效应，即检验外部知识获取与内部知识整合能否分别中介团队认知动机与亲社会动机对信息型断裂与团队创造力之间关系起到的调节作用，属于第一阶段中介调节模型（First-Stage Mediated Moderation）。依据哈耶斯（Hayes 等，2007）提出的被中介的调节效应路径检验方法，团队整合能力（外部知识获取和内部知识整合）在团队信息加工动机（团队认知动机与亲社会动机）在信息型断裂与团队创造力之间所起到的调节效应的中介作用能够通过团队信息加工动机与信息型断裂的交互项（自变量）对团队整合能力（中介变量）的回归路径效应值与外部知识获取/内部知识整合对团队创造力（结果变量）的效应值的乘积来得到（Preacher 等，2007）。因此，海耶斯（Hayes 等，2007）提出的被中介的调节效应的检验方法是将自变量与调节变量的乘积项视为自变量，进而验证其通过中介机制影响团队产出的效应是否显著。这一观点也在探讨中介和间接效应的理论文献和实证研究中得到了支持（Morgan-Lopez，MacKinnon，2006；普里彻和海耶斯（Preacher 和 Hayes，2008；Kearney 等，2009）。假设 17 和假设 18 则探讨了外部知识获取和内部知识整合的链式中介作用。因此，本研究中假设 13 至假设 18 也可被视为信息型断裂与团队认知动机的交互项（自变量）以及信息型断裂与团队亲社会动机的交互项（自变量）通过外部知识获取与内部知识整合（中介变量）影响团队创造力（因变量）的三路径中介效应分析（Preacher 等，2008），可利用多重中介检验方法进行验证（Preacher 和 Hayes，2008）。本研究通过分步回归分析已经对假设 13 至假设 16 进行了初步验证。但是，通过分步回归分析方法仅能够对被中介的调节效应显著性进行分析,无法得出具体的被中介的调节效应值。下面将基于路径分析方法(Path Analysis)得到被中介的调节效应点估计值以及置信区间,进一步验证假设13至假设16并检验假设17至假设18。

海耶斯(Hayes,2013)所开发的基于SPSS与SAS的PROCESS检验程序能够为本研究中的三路径中介效应检验提供重要的统计工具。在开发者提供的74个模板或样板中,几乎包含了全部中介、调节和有条件的间接效应模型。通过海耶斯(Hayes,2013)方法论文献可知(Hayes,2013),PROCESS中的模型6与本研究的理论研究模型相契合(模型7和模型8虽然能够检验假设13至假设16,但是无法检验假设17至假设18)。本研究中包含两个自变量(信息型断裂与团队认知动机的交互项以及信息型断裂与团队亲社会动机的交互项)、两个中介变量(外部知识获取与内部知识整合)以及一个因变量(团队创造力)。由于PROCESS检验程序无法处理同时包含两个自变量的模型(Preacher,2008),因此,本研究将通过SPSS 22.0软件,调用两次PROCESS宏语言中的模型6,将中心化后的信息型断裂与团队认知动机的乘积项以及信息型断裂与团队亲社会动机的乘积项分别作为前因变量,得到两次三路径中介检验结果。在运行模型时,Bootstrap执行的次数设定为10 000,置信区间的估计采用偏差校正的百分位法,置信水平为95%,结果输出为非标准化回归系数。

1. 信息型断裂与团队认知动机的交互项影响团队创造力统的中介机制检验

在进行回归分析时,控制分步回归时的控制变量以及信息型断裂与团队认知动机,将信息型断裂与团队认知动机的交互项作为自变量,外部知识获取与内部知识整合作为中介变量,团队创造力作为因变量进行分析。中介的检验一般按照"自变量到中介变量"和"自变量、中介变量到因变量"阶段进行,得到的结果如表5.7、表5.8、表5.9所示。

表 5-7 结果变量为中介变量：外部知识获取

变量	外部知识获取					
	系数	se	t	p	LLCI	ULCI
自变量：						
信息型断裂×团队认知动机	0.772	0.093	4.284	0.000	0.043	0.951
控制变量：						
团队规模	0.097	0.405	0.240	0.811	-0.906	0.712
团队年限	0.056	0.223	0.249	0.804	-0.391	0.503
职能多样性	0.104	0.591	0.654	0.515	-0.794	1.567
专业多样性	0.079	0.351	0.390	0.697	-0.257	0.533
任期多样性	0.239	0.460	0.518	0.606	-0.811	0.850
任务复杂性	0.313	0.107	2.121	0.038	0.122	0.482
团队互依性	0.045	0.389	1.039	0.303	-0.645	0.587
信息型断裂	0.614	0.321	1.171	0.246	-0.102	1.067
团队认知动机	0.285	0.125	2.703	0.008	0.206	0.882

注：LLCI 是置信区间的下限；ULCI 是置信区间的上限。

表5-8 结果变量为中介变量：内部知识整合

变量	外部知识获取					
	系数	se	t	p	LLCI	ULCI
自变量：						
信息型断裂×团队认知动机	0.210	0.143	1.036	0.205	-0.303	0.526
外部知识获取	0.452	0.082	2.981	0.000	0.222	0.734
控制变量：						
团队规模	0.002	0.048	0.049	0.961	-0.095	0.100
团队年限	0.014	0.048	0.289	0.773	-0.087	0.109
职能多样性	0.109	0.059	1.847	0.069	-0.009	0.227
专业多样性	-0.076	0.194	-0.393	0.696	-0.313	0.265
任期多样性	-0.221	0.197	-1.127	0.265	-0.473	0.066
任务复杂性	0.057	0.176	0.316	0.754	-0.298	0.409
团队互依性	0.129	1.039	0.870	0.129	-2.276	2.533
信息型断裂	0.153	0.428	0.412	0.714	-0.448	0.701
团队认知动机	0.246	0.083	2.205	0.032	0.116	0.427

注：LLCI是置信区间的下限；ULCI是置信区间的上限。

表5-9 结果变量为因变量：团队创造力

变量	内部知识整合					
	系数	se	t	p	LLCI	ULCI
自变量：						
信息型断裂×团队认知动机	1.085	0.192	6.775	0.000	0.683	1.466
外部知识获取	0.375	0.063	2.775	0.005	0.269	0.577
内部知识整合	0.309	0.092	2.883	0.004	0.153	0.568
控制变量：						
团队规模	0.038	0.053	0.714	0.478	-0.068	0.144
团队年限	0.019	0.047	0.289	0.774	-0.087	0.109
职能多样性	-0.030	0.056	-0.537	0.593	-0.092	0.032
专业多样性	0.090	0.055	1.533	0.108	-0.020	0.201
任期多样性	0.068	0.220	0.308	0.759	-0.373	0.509
任务复杂性	0.082	0.051	1.617	0.111	-0.020	0.221
团队互依性	0.064	0.180	0.360	0.720	-0.426	0.297
信息型断裂	0.207	0.185	1.263	0.212	-0.116	0.409
团队认知动机	0.261	0.082	2.351	0.022	0.077	0.413

注：LLCI 是置信区间的下限；ULCI 是置信区间的上限。

基于表 5-7、表 5-8 以及表 5-9 给出的两阶段路径系数，可得出信息型断裂与团队认知动机的交互项对团队创造力产生的总效应和直接效应，如表 5-10、表 5-11、表 5-12 所示。表 5-10 及表 5-11 显示，信息型断裂与团队认知动机的乘积项对团队创造力的总效应和直接效应均为显著的（$p < 0.001$）。表 5-12 显示信息型断裂与团队认知动机的乘积项对团队创造力总的三路径中介效应是显著的。间接路径效应估计值为 0.354，置信区间为（0.113，0.582），不包含 0。通过表 5-12 中 Ind1（间接路径 1）的检验结果可知，信息型断裂与团队认知动机的交互项通过外部知识获取影响团队创造力，该间接效应估计值为 0.289，置信区间为（0.239，0.372）。因此，与因果步骤法结果一致，外部知识获取能够中介团队认知动机在信息型断裂与团队创造力之间的调节效应，假设 13 得到进一步验证。表 5-12 中 Ind2（间接路径 2）的结果则显示，团队认知动机与信息型断裂的交互通过内部知识整合间接影响团队创造力的效应不显著，该间接效应估计值为 0.065，置信区间为（-0.088，0.196），其中包含 0。因此，通过系数相乘法得到的结论与因果步骤法一致，内部知识整合不能中介团队认知动机在信息型断裂与团队创造力之间关系中的调节效应，假设 14 没有得到验证。假设 17 提出，信息型断裂与团队认知动机的交互作用能够通过外部知识获取与内部知识知识整合的链式中介效应间接促进团队创造力。通过表 5-12 间接路径 3（Ind2）的检验结果可知，信息型断裂与团队认知动机的交互→外部知识获取→内部知识整合→团队创造力这一间接路径是显著的，间接路径效应值为 0.108，置信区间为（0.046，0.158）。因此，假设 17 得到验证。

表 5-10　总效应：信息型断裂与团队认知动机交互项——团队创造力

Effect	SE	t	p	LLCI
1.547	0.082	5.796	0.000	0.504

表 5 - 10 显示，信息型断裂与团队认知动机的交互项对团队创造力产生的总效应大小为 1.547，并且在 $p < 0.001$ 的水平下是显著的。

表 5 - 11　直接效应：信息型断裂与团队认知动机交互项——团队创造力

Effect	SE	t	p	LLCI
1.085	0.051	7.584	0.000	0.713

表 5 - 11 显示，信息型断裂与团队认知动机的交互项对团队创造力产生的间接效应大小为 1.085，并且在 $p < 0.001$ 的水平下是显著的。

表 5 - 12　间接效应：信息型断裂与团队认知动机交互项——团队创造力

Effect	Boot	SE	BootLLCI	BootULCI
Total	0.462	0.016	0.113	0.582
Ind1	0.289	0.018	0.239	0.372
Ind2	0.065	0.093	-0.088	0.196
Ind3	0.108	0.033	0.046	0.158

注：Boot 是根据 Bootstrap 方法计算得到的系数的点估计值；BootLLCI 是采用 Bootstrap 方法计算得到的置信区间的下限；BootULCI 是采用 Bootstrap 方法计算得到的置信区间的上限。

表 5 - 12 中字母所代表的含义如下：

Ind1：间接路径 1（信息型断裂与团队认知动机交互项→外部知识获取→团队创造力）；

Ind2：间接路径 2（信息型断裂与团队认知动机交互项→内部知识整合→团队创造力）；

Ind3：间接路径 3（信息型断裂与团队认知动机交互项→外部知识获取→内部知识整合→团队创造力）。

2. 信息型断裂与团队亲社会动机的交互项影响团队创造力的中介机制检验

在进行回归分析时，控制团队规模、团队成立年限、职能、专业和任职期限多样性、任务复杂性、团队互依性、子团队均衡性以及信息型断裂与团队亲社会动机等变量，将信息型断裂与团队认知动机的交互项作为自变量，外部知识获取与内部知识整合作为中介变量，团队创造力作为因变量进行分析，如表5-13至表5-15所示。

表 5-13 结果变量：外部知识获取

变量	外部知识获取					
	系数	se	t	p	LLCI	ULCI
自变量：						
信息型断裂×团队亲社会动机	0.537	0.253	3.554	0.000	0.231	0.899
控制变量：						
团队规模	0.026	0.018	1.288	0.203	-0.007	0.055
团队年限	0.008	0.059	0.263	0.795	-0.064	0.071
职能多样性	0.071	0.839	0.148	0.883	-0.619	0.987
专业多样性	0.039	0.181	0.214	0.830	-0.166	0.217
任期多样性	0.062	0.076	0.815	0.419	-0.024	0.169
任务复杂性	0.142	0.091	1.976	0.047	0.040	0.324
团队互依性	0.037	0.130	0.288	0.775	-0.223	0.290
信息型断裂	0.422	0.839	0.646	0.521	-0.412	1.510
团队亲社会动机	0.219	0.203	1.067	0.291	-0.100	0.503

注：LLCI 是置信区间的下限；ULCI 是置信区间的上限。

表 5-14 结果变量：内部知识整合

变量	内部知识整合					
	系数	se	t	p	LLCI	ULCI
自变量：						
信息型断裂 × 团队亲社会动机	1.242	0.203	7.035	0.000	0.712	1.825
外部知识获取	0.491	0.073	3.930	0.000	0.244	0.807
控制变量：						
团队规模	0.046	0.174	0.261	0.794	-0.304	0.395
团队年限	0.035	0.053	0.646	0.522	-0.102	0.025
职能多样性	0.072	0.177	0.402	0.690	-0.446	0.274
专业多样性	-0.050	0.070	-0.717	0.473	-0.038	0.087
任期多样性	-0.085	0.175	-0.487	0.628	-0.236	0.195
任务复杂性	0.029	0.053	0.543	0.589	-0.134	0.077
团队互依性	0.055	0.054	0.105	0.917	-0.011	0.152
信息型断裂	0.211	0.704	0.703	0.485	-0.613	1.059
团队亲社会动机	0.196	0.220	0.734	0.466	-0.102	0.455

注：LLCI 是置信区间的下限；ULCI 是置信区间的上限。

表 5-15　结果变量：团队创造力

变量	团队创造力					
	系数	se	t	p	LLCI	ULCI
自变量：						
外部知识获取	0.371	0.055	3.890	0.000	0.171	0.568
内部知识整合	0.311	0.105	3.034	0.000	0.090	0.511
信息型断裂×团队亲社会动机	1.180	0.142	6.588	0.000	0.841	1.533
控制变量：						
团队规模	0.051	0.069	0.734	0.466	-0.025	0.176
团队年限	0.011	0.012	0.814	0.419	-0.033	0.034
职能多样性	-0.073	0.315	-0.259	0.731	-0.406	0.272
专业多样性	0.041	0.239	0.650	0.577	-0.219	0.313
任期多样性	0.078	0.159	0.703	0.485	-0.104	0.272
任务复杂性	0.106	0.154	0.886	0.304	-0.078	0.389
团队互依性	0.032	0.191	0.563	0.124	0.040	0.324
信息型断裂	0.289	0.564	0.422	0.675	-0.376	0.921
团队亲社会动机	0.203	0.119	1.907	0.062	-0.095	0.377

注：LLCI 是置信区间的下限；ULCI 是置信区间的上限。

通过表 5-13、表 5-14 及表 5-15 中两两变量间路径系数可得出信息型断裂影响团队创造力的总效应、直接效应和间接效应,如表 5-16、表 5-17 及表 5-18 所示。表 5-16 与表 5-17 显示,信息型断裂与团队亲社会动机的乘积项对团队创造力的主效应和直接效应是显著的。进而,通过表 5-18 中 Ind1(间接路径 1)的检验结果可知,信息型断裂与团队亲社会动机的交互通过外部知识获取而作用于团队创造力的间接路径是显著的。间接效应点估计值为 0.199,置信区间为(0.116,0.333),不包含 0。因此,与分步回归结果一致,外部知识获取能够中介团队亲社会动机在信息型断裂与团队创造力之间的调节效应。通过表 5-18 中 Ind2(间接路径 2)的检验结果可知,信息型断裂与团队亲社会动机的交互通过内部知识整合而作用于团队创造力的间接路径是显著的。间接效应点估计值为 0.386,置信区间为(0.224,0.551),不包含 0。因此,与因果步骤法的结果一致,内部知识整合能够中介团队亲社会动机在信息型断裂与团队创造力关系中的调节效应。假设 18 提出,信息型断裂与团队亲社会动机的交互能够通过外部知识获取与内部知识知识整合的链式中介效应间接促进团队创造力。通过表 5-18 中间接路径 3(Ind3)的检验结果可知,信息型断裂与团队亲社会动机的交互→外部知识获取→内部知识整合→团队创造力这一间接路径是显著的,间接路径效应值为 0.082,置信区间为(0.068,0.095),区间内不包含 0。因此,假设 18 得到验证。

表 5-16 总效应:信息型断裂与团队亲社会动机交互项——团队创造力

Effect	SE	t	p	LLCI
1.774	0.102	6.883	0.000	0.375

信息型断裂与团队认知动机的交互项对团队创造力产生的间接效应大小为 1.774,并且在 $p < 0.001$ 的水平下是显著的。

表 5-17　直接效应：信息型断裂与团队亲社会动机交互项——团队创造力

Effect	SE	t	p	LLCI
1.180	0.142	4.010	0.000	0.813

信息型断裂与团队亲社会动机的交互对团队创造力产生的直接效应大小为 1.180，并且在 $p<0.001$ 的水平下是显著的。

表 5-18　间接效应：信息型断裂与团队亲社会动机交互项——团队创造力

Effect	Boot	SE	BootLLCI	BootULCI
Total	0.590	0.091	0.343	0.798
Ind1	0.199	0.047	0.116	0.333
Ind2	0.386	0.052	0.224	0.551
Ind3	0.082	0.007	0.068	0.095

注：Boot 是根据 Bootstrap 方法计算得到的系数的点估计值；BootLLCI 是采用 Bootstrap 方法计算得到的置信区间的下限；BootULCI 是采用 Bootstrap 方法计算得到的置信区间的上限。

表 5-18 中字母所代表的含义如下：

Ind1：间接路径 1（信息型断裂与团队亲社会动机交互项→外部知识获取→团队创造力）；

Ind2：间接路径 2（信息型断裂与团队亲社会动机交互项→内部知识整合→团队创造力）；

Ind3：间接路径 3（信息型断裂与团队亲社会动机交互项→外部知识获取→内部知识整合→团队创造力）。

五、简单斜率检验以及斜率差值比较

（一）二元交互简单斜率检验

为了直观展示团队认知动机与团队亲社会动机的调节作用，本研究采用艾肯和韦斯特（Aiken 和 West，1991）所开发的简单斜率方法（Aiken，1991），通过图表展示团队认知动机和亲社会动机的调节作用。图 5-1 至图 5-6 展示了调节变量（团队认知动机和亲社会动机）在高水平（均值+标准差）以及在低水平（均值-标准差）时前因变量与结果变量之间的斜率关系。

二元交互简单斜率分析方法是学者艾肯和韦斯特（Aiken 和 West）于 1991 年所开发出来的用以清晰展示变量调节效应的方法，被广泛应用在调节作用研究中。二元交互简单斜率分析方法的具体步骤如下。

假设 X 为自变量，Z 是调节变量，Y 是因变量，检验 X 的简单斜率方法的步骤如下。第一步，将预测变量（X，Z）中心化，即从自变量原始分数中减去该自变量的均值。对预测变量中心化的原因在于避免多重共线性。多重共线性是回归分析中常见的影响回归系数显著性及模型方差解释力度的原因。假设预测变量 X，Z 的原始数据为第二步，建立交互项 $CXCZ$，其中 CX 为标准化后的 X，CZ 为标准化后的 Z。第三步，以 CX，CZ，$CXCZ$ 为预测变量进行回归分析，回归方程如下：

$$Y = a_0 + a_1 CX + a_2 CZ + a_3 CXCZ + e \quad (5-5)$$

如果在多元回归分析中 a_2 显著，则调节变量 Z 对 X 与 Y 之间的关系具有显著的调节作用。第四步，简单斜率分析。简单斜率分析是以图形方式直观显示在不同 Z 的取值下（通常为均值加减一个标准差）Y 与 Z 之间关系的斜率。对 5-5 式进行转化可得到下式：

$$Y = (a_0 + a_2 CZ) + (a_1 + a_3 CZ) CX + e \quad (5-6)$$

其中，$(a_1 + a_3 CZ)$ 为简单斜率，$(a_0 + a_2 CZ)$ 为简单截距。接下来，计算出当 Z 在高值时以及在低值时 $(a_1 + a_3 CZ)$ 的标准差。简单斜率标准差的计算公式如下：

$$SE_{\text{slope}} = \sqrt{\text{cov}_{a11} + 2CZ\text{cov}_{a13} + (CZ)^2 \text{cov}_{a33}} \quad (5-7)$$

其中，cov_{a11} 是 a_1 和 a_1 的协方差，即 a_1 的协方差；cov_{a13} 是 a_1 与 a_2 的协方

差；$cov_{a_{33}}$ 是 a_2 的协方差。进而，对简单斜率进行 t 检验，则可得出在调节变量 Z 处于高值和低值时，X 与 Y 之间的简单斜率是否显著，从而直观地得出 Z 调节效应的显著性。除了通过计算简单斜率标准差并通过 t 检验来验证简单斜率的显著性之外，还可以通过在 SPSS 进行回归分析直接得到简单斜率的显著性。赋予 CZ 不同数值，如均值+标准差（高值）或均值-标准差（低值），并将其带入 5-5 式中进行多元回归分析。回归系数 a_1 即为当 CZ 为不同水平时的简单斜率，该系数的显著性代表了简单斜率的显著性。由于多元回归方式更为简便且正确率较高，本研究采用多元回归方式计算简单斜率并得出其显著性，得出各个回归系数及截距后，可采用四点定位法画出简单斜率示意图，如图 5-1 至图 5-6 所示。

图 5-1 直观显示了团队认知动机在不同水平下，信息型断裂与团队创造力之间的关系。团队认知动机较高时（均值+标准差，M+SD），信息型断裂将促进团队创造力，$b = 1.445, p < 0.001$；当团队认知动机较低时（均值-标准差，M-SD），信息型断裂将抑制团队创造力，$b = -1.020, p < 0.01$。图 5-2 显示，团队认知动机能正向调节信息型断裂与外部知识获取之间的关系。当团队认知动机较高时，$b = 1.192, p < 0.001$；当团队认知动机较低时，信息型断裂与外部知识获取之间关系不显著，$b = -0.411, p > 0.05$。因此，假设 2 得到进一步验证。图 5-3 显示，当团队认知动机高时，信息型断裂与内部知识整合之间的简单斜率为 $b = 0.113, p > 0.5$；当团队认知动机低时，信息型断裂与内部知识整合之间简单斜率为 $b = -0.209, p > 0.5$。二者之间斜率差值不显著（$p > 0.5$）。因此，团队认知动机无法显著调节信息型断裂与内部知识整合之间的关系，假设 3 未得到支持。

图 5-4 直观显示了团队亲社会动机信息型断裂与团队创造力之间关系的积极调节效应。当团队亲社会动机水平较高时，信息型断裂促进团队创造力，$b = 1.623, p < 0.001$；当团队亲社会动机水平较低时，信息型断裂负向抑制团队创造力，$b = -1.155, p < 0.001$。因此，假设 4 得到进一步验证。图 5-5 显示，团

队亲社会动机能正向调节信息型断裂与外部知识获取之间的关系。当团队亲社会动机较高时，信息型断裂能够显著促进外部知识获取，$b = 1.285, p < 0.001$；然而当团队亲社会动机较低时，信息型断裂与外部知识获取之间的关系不显著，$b = 0.443, p > 0.05$。简单斜率检验进一步验证了假设5。图5-6显示，团队亲社会动机能正向调节信息型断裂与内部知识整合之间的关系。当团队亲社会动机水平较高时，信息型断裂正向促进内部知识整合，$b = 1.680, p < 0.001$；当亲社会动机水平较低时，信息型断裂负向抑制内部知识整合，$b = -1.133, p < 0.01$。因此，假设6得到进一步验证。

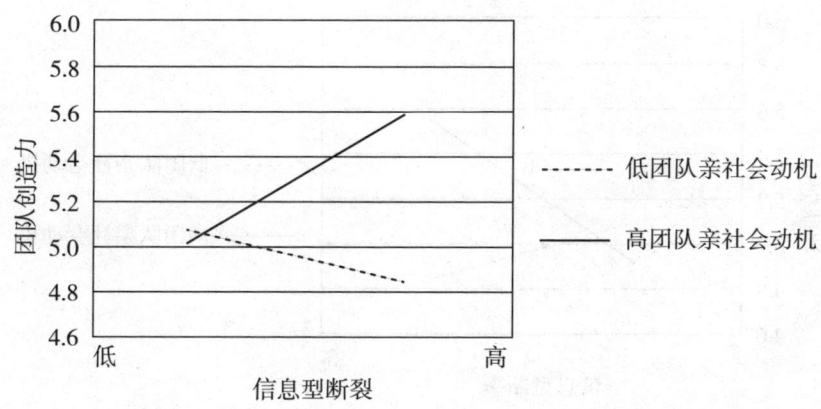

图5-1　团队认知动机调节信息型断裂与团队创造力之间关系的简单斜率图

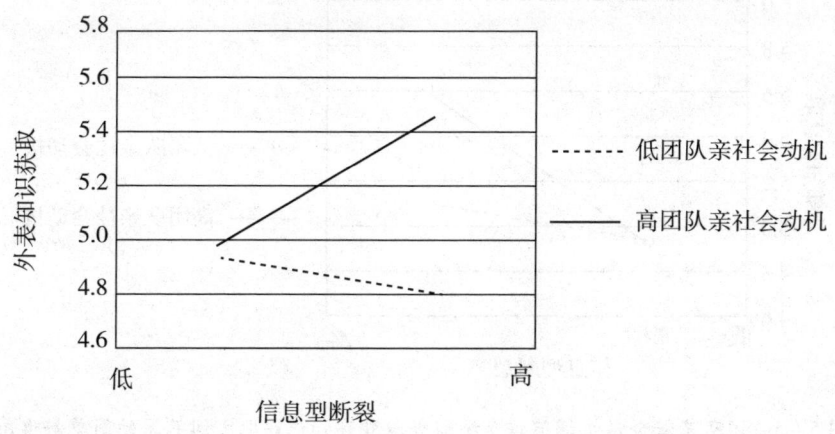

图5-2　团队认知动机调节信息型断裂与外部知识获取之间关系的简单斜率图

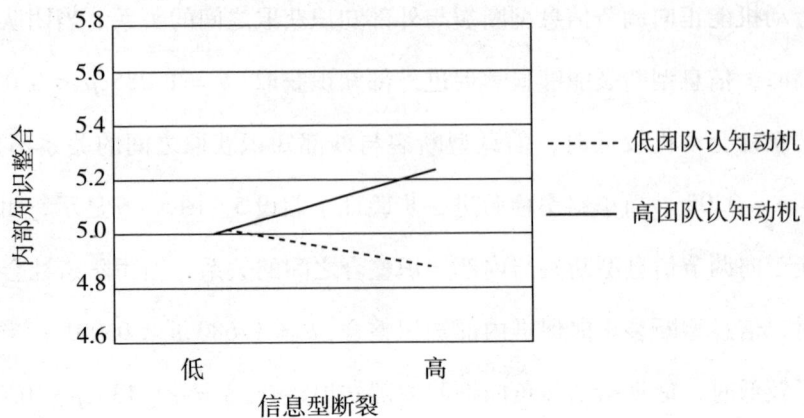

图 5-3 团队认知动机调节信息型断裂与内部知识整合之间关系的简单斜率图

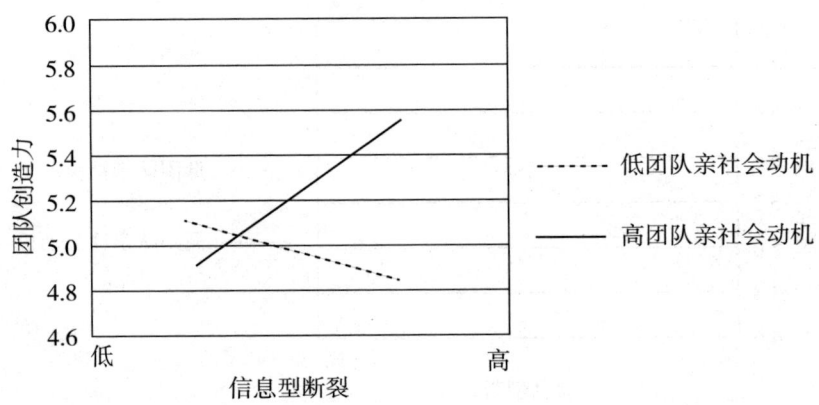

图 5-4 团队亲社会动机调节信息型断裂与团队创造力之间关系的简单斜率图

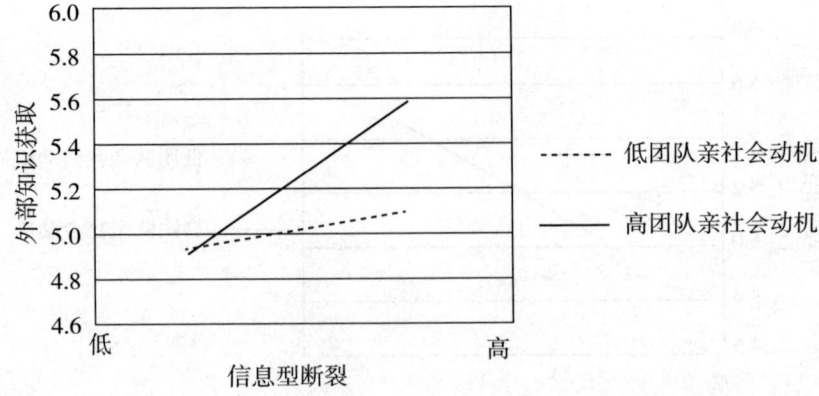

图 5-5 团队亲社会动机调节信息型断裂与外部知识获取之间关系的简单斜率图

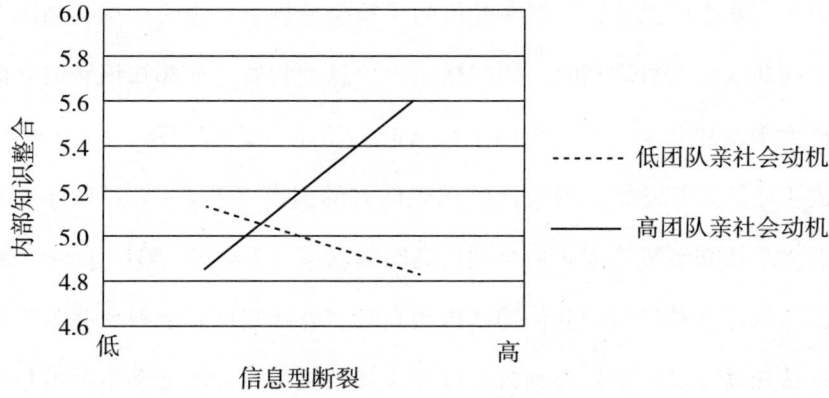

图 5-6 团队亲社会动机调节信息型断裂与内部知识整合之间关系的简单斜率图

(二) 三项交互斜率差值比较

除了对团队认知动机和团队亲社会动机的单一调节效应的检验，假设 7 至假设 9 还探讨了团队认知动机与团队亲社会动机的交互在信息型断裂与团队创造力、外部知识获取与内部知识整合之间关系中的调节作用。假设 7 至假设 9 提出，当团队认知动机与亲社会动机均处于高水平时，比二者组合为低高、高低以及低低时更能够促进信息型断裂与团队创造力、外部知识获取及内部知识整合之间的关系。假设 7 和假设 9 得到了分步回归结果验证。为了精确检验假设 7 至假设 9，本研究基于道森和里克特（Dawson 和 Richter，2006）提出的斜率差值比较法来分析当团队亲社会动机与团队认知动机处于不同的组合水平时，信息型断裂对团队创造力、外部知识获取及内部知识整合影响大小的差异（即斜率的差异）。

斜率差值比较分析结果如表 5-19、表 5-20 以及表 5-21 所示。从表 5-19 可以看到，斜率差值的 T 检验分析结果表明，当团队认知动机与团队亲社会动机均高时，回归模型中信息型断裂与团队创造力之间的斜率显著地大于团队亲社会动机高但认知动机低时的斜率（$T = 4.003$，$p < 0.001$）；还显著地大于亲社会动机与认知动机都低时的斜率（$T = 7.212$，$p < 0.001$）；同时显著大于亲社会动机高但认知动机低时的斜率（$T = 5.611$，$p < 0.001$）。因此，当团队亲社会动机与认知动机均高时，信息型断裂最能够促进团队创造力，假设 7 得到进一步验证。

从表 5-20 中可以看到，斜率差值的 T 检验分析结果表明，尽管当团队亲社会动机与团队认知动机均高时，回归模型中信息型断裂与外部知识获取之间的斜率显著地大于亲社会动机与认知动机都低时的斜率（$T=3.578$, $p<0.001$），但不显著大于团队认知动机高但亲社会动机低时的斜率（$T=-1.771$, $p>0.05$）；也不显著大于认知动机低但亲社会动机高时的斜率（$T=-1.304$, $p>0.05$）。因此，当团队亲社会动机与团队认知动机均高时，外部知识获取斜率并没有显著大于当团队认知动机低但亲社会动机高以及认知动机高但亲社会动机低的情况。因此，假设 8 并没有得到实证结果的支持。

当进一步检验假设 9 时，同样进行斜率差值比较，以检验调节变量在何种水平时，信息型断裂与内部知识整合之间的关系最为显著。从表 5-21 可以看出，团队亲社会动机与认知动机均高时的斜率大于当团队亲社会动机高但认知动机低时的斜率（$T=3.237$, $p<0.001$）；也显著地大于当团队认知动机高但团队亲社会动机低时的斜率（$T=4.475$, $p<0.001$）；还显著地大于当团队认知动机与亲社会动机均低时的斜率（$T=6.665$, $p<0.001$）。因此，依据不等式的性质可以得出，当团队亲社会动机与认知动机均高时，信息型断裂最能够促进内部知识整合。假设 9 得到进一步验证。因此，即使团队认知动机不能显著调节信息型断裂与内部知识整合之间的关系，当团队同时具有高度亲社会动机时，团队认知动机对信息型断裂与内部知识整合之间的调节效应仍显著。

表 5-19 团队认知动机、团队亲社会动机与信息型断裂的三项交互斜率差异两两对照表（结果变量为团队创造力）

斜率对照	T 检验值
团队认知动机（高）×团队亲社会动机（高）VS 团队认知动机（低）×团队亲社会动机（高）	4.003***
团队认知动机（高）×团队亲社会动机（高）VS 团队认知动机（低）×团队亲社会动机（低）	7.212***

续表

斜率对照	T检验值
团队认知动机（低）×团队亲社会动机（高）VS 团队认知动机（低）×团队亲社会动机（低）	3.880***
团队认知动机（高）×团队亲社会动机（低）VS 团队认知动机（低）×团队亲社会动机（低）	5.611***
团队认知动机（高）×团队亲社会动机（高）VS 团队认知动机（高）×团队亲社会动机（低）	4.787***
团队认知动机（低）×团队亲社会动机（高）VS 团队认知动机（高）×团队亲社会动机（低）	1.217

注：$N=124$，*表示$p<0.05$，**表示$p<0.01$，***表示$p<0.001$，双尾检验。

表5-20 团队认知动机、团队亲社会动机与信息型断裂的三项交互斜率差异两两对照表（结果变量为外部知识获取）

斜率对照	T检验值
团队认知动机（高）×团队亲社会动机（高）VS 团队认知动机（低）×团队亲社会动机（高）	-1.304
团队认知动机（高）×团队亲社会动机（高）VS 团队认知动机（低）×团队亲社会动机（低）	3.578***
团队认知动机（低）×团队亲社会动机（高）VS 团队认知动机（低）×团队亲社会动机（低）	4.263***
团队认知动机（高）×团队亲社会动机（低）VS 团队认知动机（低）×团队亲社会动机（低）	3.189***
团队认知动机（高）×团队亲社会动机（高）VS 团队认知动机（高）×团队亲社会动机（低）	-1.771
团队认知动机（低）×团队亲社会动机（高）VS 团队认知动机（高）×团队亲社会动机（低）	1.217

注：$N=124$，*表示$p<0.05$，**表示$p<0.01$，***表示$p<0.001$，双尾检验。

表 5-21　团队认知动机、团队亲社会动机与信息型断裂的三项交互斜率差异两两对照表
（结果变量为内部知识整合）

斜率对照	T 检验值
团队认知动机（高）×团队亲社会动机（高）VS 团队认知动机（低）×团队亲社会动机（高）	3.237***
团队认知动机（高）×团队亲社会动机（高）VS 团队认知动机（低）×团队亲社会动机（低）	6.665***
团队认知动机（低）×团队亲社会动机（高）VS 团队认知动机（低）×团队亲社会动机（低）	2.954***
团队认知动机（高）×团队亲社会动机（低）VS 团队认知动机（低）×团队亲社会动机（低）	1.971*
团队认知动机（高）×团队亲社会动机（高）VS 团队认知动机（高）×团队亲社会动机（低）	4.475***
团队认知动机（低）×团队亲社会动机（高）VS 团队认知动机（高）×团队亲社会动机（低）	0.987

注：$N=124$，*表示 $p<0.05$，**表示 $p<0.01$，***表示 $p<0.001$，双尾检验。

本书根据 Aiken 和 West（1991）提供的三项交互示意图的作图方法作出信息型断裂、团队认知动机与团队亲社会动机的三项交互调节示意图，如图 5-7、图 5-8 及图 5-9 所示。

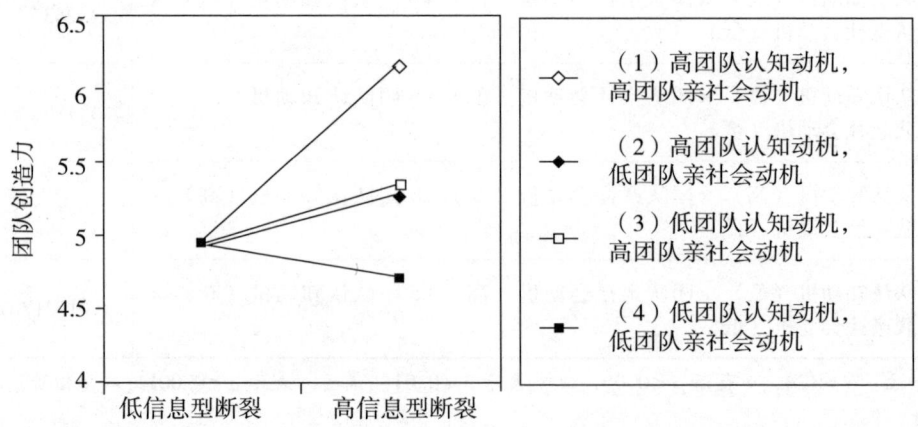

图 5-7　信息型断裂、团队亲社会动机与团队认知动机对团队创造力的三项交互示意图

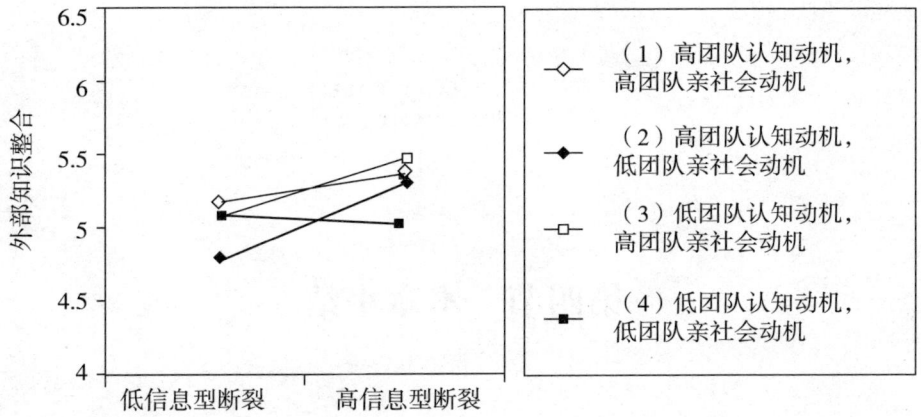

图 5-8　信息型断裂、团队认知动机与团队亲社会动机对外部知识获取的三项交互示意图

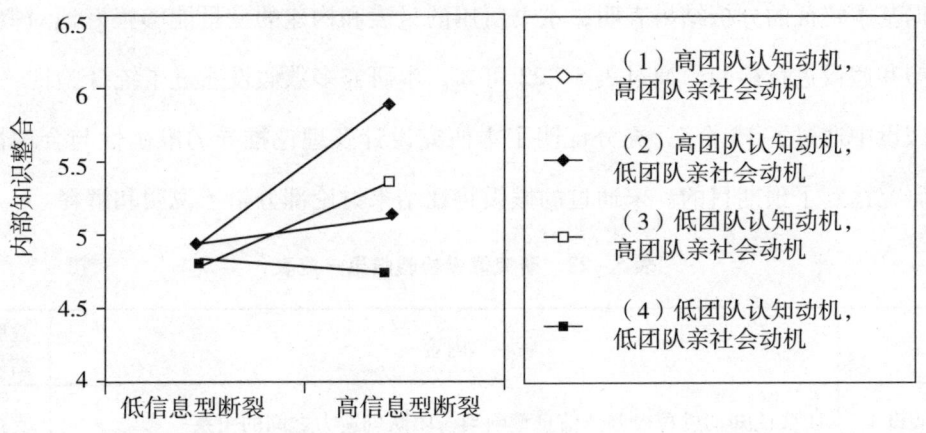

图 5-9　信息型断裂、团队认知动机与团队亲社会动机对内部知识整合的三项交互示意图

第四节　本章小结

本章分析了数据的基本特征并报告了概念模型中研究假设的实证验证结果。数据基本特征的分析结果表明，本书所用的量表和构建的变量能够很好地对概念模型和假设进行检验。通过表 5-22 可知，本研究多数假设通过了统计验证（18 个假设中通过了 15 个），充分证明了本研究设计及理论推导的准确性与合理性，本研究达到了预期目的。未通过的假设将在结果讨论部分给予说明和解释。

表 5-22　研究假设检验结果一览表

假设	内容	检验结果
假设 1	团队认知动机积极调节信息型断裂与团队创造力之间的关系	支持
假设 2	团队认知动机积极调节信息型断裂与外部知识获取之间的关系	支持
假设 3	团队认知动机积极调节信息型断裂与内部知识整合之间的关系	不支持
假设 4	团队亲社会动机积极调节信息型断裂与团队创造力之间的关系	支持
假设 5	团队亲社会动机积极调节信息型断裂与外部知识获取之间的关系	支持
假设 6	团队亲社会动机积极调节信息型断裂与内部知识整合之间的关系	支持
假设 7	当团队亲社会动机和认知动机均处于较高水平时，相比高认知动机和低亲社会动机以及低认知动机和高亲社会动机，更能够积极促进信息型断裂与团队创造力之间的关系	支持

续表

假设	内容	检验结果
假设 8	当团队亲社会动机和认知动机均处于较高水平时，相比高认知动机和低亲社会动机以及低认知动机和高亲社会动机，更能够积极促进信息型断裂与外部知识获取之间的关系	不支持
假设 9	当团队亲社会动机和认知动机均处于较高水平时，相比高认知动机和低亲社会动机以及低认知动机和高亲社会动机，更能够积极促进信息型断裂与内部知识整合之间的关系	支持
假设 10	外部知识获取与团队创造力之间呈正相关关系	支持
假设 11	内部知识整合与团队创造力之间呈正相关关系	支持
假设 12	外部知识获取对团队创造力的直接作用能够被内部知识整合所中介	支持
假设 13	外部知识获取中介团队认知动机在信息型断裂与团队创造力之间关系中所起到的调节作用	支持
假设 14	内部知识整合中介团队认知动机在信息型断裂与团队创造力之间关系中所起到的调节作用	不支持
假设 15	外部知识获取中介团队亲社会动机在信息型断裂与团队创造力之间关系中所起到的调节作用	支持
假设 16	内部知识整合中介团队亲社会动机在信息型断裂与团队创造力之间关系中所起到的调节作用	支持
假设 17	外部知识获取与内部知识整合在信息型断裂和团队认知动机交互项与团队创造力之间的关系中起到链式中介作用	支持
假设 18	外部知识获取与内部知识整合在信息型断裂和团队亲社会动机交互项与团队创造力之间的关系中起到链式中介作用	支持

第六章

结果讨论

在投入—中介—产出（IMO）团队效能研究框架下，整合分类–加工模型以及团队动机性信息加工理论，本研究构建了信息型断裂影响团队创造力的中介调节机制模型，探讨了信息型断裂在团队认知动机和亲社会动机的调节作用下，直接以及间接通过外部知识获取及内部知识整合影响团队创造力的作用机理。通过对124个知识型团队构成的样本进行实证检验，18个理论假设中的15条得到验证，3条假设未得到支持。本章将对实证检验结果进行详细的讨论，并总结出本研究的理论意义和实践意义。

第一节 实证结果讨论

一、信息型断裂的"双刃剑"效应

通过在第三章第二节内容中分析信息型断裂对团队创造力及团队整合能力的正向促进和负向抑制机理，本研究认为信息型断裂的效应呈现出双刃剑特征，因此并未提出信息型断裂与团队整合能力及团队创造力之间的主效应关系假设。在实证结果中，信息型断裂的"双刃剑"效应得到了验证。

（一）信息型断裂对团队创造力的主效应不显著

在开展团队断裂分类研究之初，学者普遍认为不同于基于性别、年龄等表层人口统计属性，基于任务相关型人口统计属性所形成的团队断裂能够促进信息加工，从而积极促进组织/团队/个体效能产出（如绩效与创造力等）。然而，现有研究结果却没有为该理论假设提供足够支撑。如学者库珀（Cooper 等，2014）发现信息型断裂与组织绩效不存在显著相关关系，信息型断裂的积极效应只有在特定环境特征（如环境复杂性及资源丰富性）下才能够被激发。范克尼彭贝格（Van knippenberg 等，2011）发现基于任期和教育背景形成的团队断裂与高管团队绩效之间的关系只有在共享团队目标的调节作用下才显著。类似地，屈晓倩和刘新梅（2016b）、林明等（2016）以及贝兹鲁科娃（Bezrukova，2009）发现信息型断裂与团队创造力、企业突破式创新及团队奖励与团队绩效之间的直接关系也不显著。潘清泉等（2015）以及贝兹鲁科娃（Bezrukova，2012）则发现信息型/任务型团队断裂与企业国际化战略以及团队绩效之间具有显著的负相关关系（Bezrukova 等，2012；潘清泉等，2015）。然而，卫旭华等（2015）、杨陈和唐明凤（2017）以及陈伟等（2017）却发现了任务型断裂对企业/团队创新绩效以及团队效能的积极直接影响。当前，信息型断裂对团队产出的积极和消极主效应都没有得到足够的理论和实证支持。依据分类-加工模型，由于可能同时激发社会分类过程及信息加工/决策制定，信息型断裂对团队产出的影响是不确定的，这一结论也得到越来越多发表在顶级期刊的文献的支持（Bezrukova 等，2009；Cooper 等，2014；Ren，2015；Spoelma 和 Ellis，2017）。因此，本研究与分类-加工模型相关理论推导保持一致，发现了信息型断裂对团队创造力的直接效应不显著的结论，并验证了信息型断裂的"双刃剑"效应。

（二）信息型断裂对团队整合能力的主效应不显著

依据第三章第二节 2.1 分析可知，信息型断裂可能通过正向促进和负向抑制过程影响团队整合能力（外部知识获取和内部知识整合），从而在正负效应抵消的情况下造成主效应不显著的统计结果，该理论推导得到了实证支持。值得注意的是，虽然信息型断裂对外部知识获取与内部知识整合的主效应均不显著，但是信息型断裂影响团队内外部知识过程的内在机制存在显著差异。在信息型断裂与外部知识获取之间的作用关系中，信息型断裂虽然能够拓展团队外部知识网络并增强团队吸收能力，但同时也强化了成员的子团队身份认同。对子团队的信任感、认同感及较低的知识搜寻成本使得成员在遇到问题时首先考虑向同属一个子团队的专家获取相关领域知识，在一定程度上阻碍了团队利用信息型断裂提供的潜在优势开展外部知识获取的动机，由此造成信息型断裂对外部知识获取的直接效应不显著的结果。而在信息型断裂与内部知识整合的作用关系中，信息型断裂带来的丰富认知资源和子团队结构优势（如共同体效应和促进交互记忆系统发展等）对团队内部整合（信息深层次加工）的积极影响被社会分类过程所激发的子团队间偏见（如不易接受并低估其他子团队所提供的知识和信息等）和任务表征分歧所抑制，造成了信息型断裂对内部知识整合的直接影响不显著的结果。该结论为分类－加工理论模型的相关理论假设：团队断裂对信息精细化加工的积极效应受到子团偏见的消极调节作用的影响，从而导致团队断裂与信息精细化加工关系不显著提供了重要实证支持。此外，由于团队整合能力能够显著促进团队创造力，本研究从团队整合能力视角揭示了信息型断裂对团队创造力的主效应不显著的深层原因。

当前文献中，还没有学者考察团队断裂对团队内外部过程所同时产生的影响。目前仅有安科纳和考德威尔（AnconaCaldwell，1992）以及凯勒（Keller，2001）检验了团队多样性（如工作年限多样性和职能多样性）对团队内外部过程同时产生的影响。其中，安科纳和考德威尔（AnconaCaldwell，1992）基于"人口统计属性（Demography）—团队过程（Process）—团队产出（Output）"范式，发现团队工作年限多样性与团队内部任务相关过程（如目标设定、制订工作计划等）具有显著的负相关关系；职能多样性则与团队外部沟通具有显著正相关关系。工作年限多样性使得成员在工作理念和方法上存在较大差异，从而阻碍团队制订工作目标和计划的效率。而职能多样性程度越高，越能够帮助团队拓展社会网络和拥有不同"技术语言"，使团队能够与企业内部多个职能部门以及专业机构保持高效沟通，从而促进团队绩效。类似地，凯勒（Keller，2001）也发现了职能多样性对团队外部沟通的积极直接效应。在安科纳和考德威尔（Ancona和Caldwell，1992）以及凯勒（Keller，2001）的研究中，团队信息型多样性与团队外部过程和内部过程之间的直接关系是显著的。由此可见，相比信息型多样性，反映信息型多样性分布结构（Structure）的信息型断裂对团队内外部过程产生的影响要更为复杂和晦涩，后续急需更多的理论和实证研究深入探索并厘清信息型断裂与团队内外部过程之间关系。

二、团队认知动机及团队亲社会动机的调节作用

虽然信息型断裂无法对团队创造力及团队整合能力（外部知识获取和内部知

识整合)产生显著的直接影响,但是在团队认知动机和团队亲社会动机的调节作用下,信息型断裂的积极效应能够得到激发,负向影响得到规避,从而使信息型断裂对团队整合能力及团队创造力产生显著的积极影响。

(1) 团队认知动机能够正向调节信息型断裂与团队创造力,以及信息型断裂与外部知识获取之间关系,假设1和假设2得到验证。

首先,信息型断裂能够为团队新颖、有用想法的产生提供重要的资源和能力,然而,这些资源优势的发挥取决于团队认知动机的高低。较高的认知动机提升了认知创新性和对模糊的容忍度,使团队不急于达成一致性结论,而且还能够深入探讨全部异质性观点、异议和替代方案,从而增加团队利用信息型断裂所提供的丰富认知资源促进有关产品、服务、过程及流程的新颖和有用想法的产生。同时,当团队具有较高认知动机时,提升了团队认知需求与充足性阈值(Sufficient Threshhold),使团队倾向于通过更多信息搜寻行为对当前任务产生全面、深入和准确的认识和理解,风险承担的意愿也得到提升。这就为团队提供了关键的外部导向动机,打破了成员向同属一个子团队的其他专家寻求知识和信息的惯性,使团队将信息搜寻和获取的范围扩大至团队甚至企业外部。此时,信息型断裂所构建的丰富外部知识网络连接(Ties/Contacts)与增强的吸收能力对外部知识获取的积极效应能够得到有效发挥。

(2) 团队认知动机在信息型断裂与内部知识整合之间关系中的调节作用不显著,假设3未得到支持。

造成团队认知动机在信息型断裂与内部知识整合关系中调节效应不显著的可能原因如下。

信息型断裂形成后,团队内部形成若干知识子团队或知识共同体。共同体效应指出,当个体意识到自己的观点和看法能够得到至少一个其他成员的支持时,该个体将会积极展示独特意见和分歧观点,从而有效提升了团队偏好多样性(Preference Diversity),即团队在同一任务的完成方式及问题解决方式上具有不同的看法和偏好。偏好多样性是能够激发团队认知动机的关键情境因素。因此，由于信息型断裂能够激发一定的团队认知动机，替代作用（Substitute）造成信息型断裂与内部知识整合之间关系对团队认知动机的水平高低不敏感，使团队认知动机的积极调节效应无法得到完全发挥（Chung等，2011）。此外，在出现信息型断裂的团队中，成员需要面对差异化他人（Dissimilar Others）开展工作，这种人际不确定性本身将诱发成员的焦虑和压力感知（Rico等，2012；Hogg等，2000）。而过高的认知动机使得成员感知到的人际不确定性进一步加剧，很可能恶化出现信息型断裂的团队中的人际矛盾，降低团队心理安全感并提升整体的焦虑和压力氛围，中和认知动机在信息型断裂与信息深层次加工关系中的积极调节效应。事实上，有研究发现，团队认知动机的调节作用具有一定情境依赖性（Context-Dependent）。如范克里夫等（Van Kleef等）学者（2009）发现，并非团队认知动机越高越有利于团队绩效。当领导展示消极情绪时，高度认知动机有助于领导情绪展示促进团队绩效。然而当领导展示积极情绪时，则是较低的团队认知动机有助于领导情绪展示与团队绩效之间的积极效应。这说明团队认知动机对领导情绪展示与团队绩效之间的调节作用受到情绪类型的影响。因此，团队认知动机对信息型断裂与内部知识整合之间关系的调节作用可能也具有一定情境依赖性（如依赖于团队亲社会动机水平的高低）。此外，科尔尼等（Kearney等，2009）发现团队认知动机（认知需求）能够积极调节团队专业多样性与信息精细化加工之间的关系（Kearney等，2009），本研究结论却并未证实团队认知动机与信息型断裂的交互能够积极促进内部知识整合。因此，虽然团队多样性与团队断裂均反映了团队构成特征，但二者不同的内涵及作用机理（如子团队的出现更能够引发压力与焦虑情绪以及团队冲突）造成同一调节变量对团队多样性与团队断裂对团队信息加工过程及产出所产生效应的调节作用存在显著差异（贝兹鲁科娃Bezrukova，2007）。

（3）团队亲社会动机能够积极调节"信息型断裂—团队创造力""信息型断

裂—外部知识获取"以及"信息型断裂—内部知识整合"这三组作用关系，假设4至假设6得到实证结果的支持。

较高的团队亲社会动机能够为团队成员提供重要的外部导向动机并营造心理安全氛围，缓解信息型断裂对团队跨界行为和动机的抑制作用，从而使团队最大化地利用信息型断裂所带来的优势，促进团队从多个外部渠道获取新知识、新信息和新技术。同时，在团队亲社会动机的积极影响下，团队冲突将转变为建设性争辩，子团队间偏见被改善，任务表征分歧也能够通过团队学习得到有效解决。因此，较高团队亲社会动机能够抑制信息型断裂对内部知识整合所带来的消极影响，并激发其积极效应，使信息型断裂促进内部知识整合。当前，亲社会动机对个体及团队产出的积极效应得到了普遍验证。如格兰特和贝瑞（Grant 和 Berry，2011）发现亲社会动机能够通过激发"他人导向"（Other – Focused Orientation）而积极调节内部动机与员工创造力之间的关系（Grant 等，2011）。胡和利登（Hu 和 Liden，2015）则发现团队亲社会动机能够通过团队合作与团队活力促进团队效能。本研究再次为团队亲社会动机的积极效应提供了重要支撑，证实了在出现知识断层的团队内部，成员所共享的"通过努力使他人和集体受益"的意愿和动机将显著规避信息型断裂对团队创造力、外部知识获取及内部知识整合的消极影响，同时正向强化了信息型断裂的积极效应。结合假设3可知，在出现信息型断裂的团队中，相比团队认知动机这种任务导向动机（Task – Oriented Motivation），团队亲社会动机这种人际导向动机的作用更为关键，效果也更为显著（胡和利登 Hu 和 Liden，2015）。由于信息型断裂不可避免地激发冲突并滋生压力和焦虑情绪，如何通过合作方式解决冲突、化解压力并缓解焦虑是将团队冲突转化为建设性争辩并促进内部知识整合的关键，而非进一步激化冲突和增加不确定性。因此，在工作团队中，人际导向团队动机（如亲社会动机的构建）应至少提升到与任务动机一样重要的高度，才能完全激发多元化团队的积极潜力。

三、团队认知动机和亲社会动机交互的调节效应

除了探讨团队认知动机与团队亲社会动机对"信息型断裂—团队创造力"以及"信息型断裂—团队整合能力"作用关系中的单一调节作用,本研究还探索了团队认知动机与团队亲社会动机的交互(Interaction)在上述关系中的边界调控作用,即信息型断裂、团队认知动机与亲社会动机的三项交互对团队创造力、外部知识获取与内部知识整合的作用和影响,并得到了不同于团队认知动机与信息型断裂以及团队亲社会动机与信息型断裂两项交互效应的具有重要意义的发现。

(1) 团队认知动机、团队亲社会动机与信息型断裂的三项交互能够积极促进团队创造力,假设7得到验证。

与假设一致,斜率差值比较检验结果显示,当团队认知动机、团队亲社会动机水平均高时,相比团队认知动机高但亲社会动机低、团队亲社会动机高但认知动机低以及二者水平均低时,信息型断裂与团队创造力之间正向关系斜率最大。当团队同时具有高亲社会动机与高认知动机时,能够最大程度地促进各个知识子团队提出多元化、创造性想法和观点以及对创造性想法进行深入探讨和加工,并最终促进团队最终任务方案和问题解决方式的创造性。

(2) 团队亲社会动机、团队认知动机及信息型断裂的三项交互对外部知识获取的影响不显著(正向但不显著),假设8没有得到验证。

虽然团队亲社会动机与认知动机均能够显著促进信息型断裂与外部知识获取之间关系,但是二者交互却并不能进一步促进"信息型断裂—外部知识获"的作用关系。造成假设8不显著的原因可能如下。首先,不同于团队内部知识过程(成员之间需要互动密切,往往形成强连接),外部知识获取只需要团队与外部利益相关者之间的弱连接即可开展。因此,激发信息型断裂对外部知识获取的积极效应只需要为团队提供外部导向动机,而无需过多考虑对成员之间人际关系的

改善以及对子团队间偏见的抑制。因此，在出现信息型断裂的团队中，高认知动机低亲社会动机以及高亲社会动机与低认知动机的组合的消极影响（如操纵信息、鼓吹观点、基于"一致即正确"制定决策等）往往对信息型断裂与团队内部信息加工过程之间关系的作用更为明显，但对团队外部信息加工过程的影响较弱，从而导致"信息型断裂—外部知识获取"作用关系对高认知动机与高亲社会动机的组合形式所带来的优势不敏感。斜率差值比较结果显示，虽然高认知动机和高亲社会动机组合下信息型断裂与外部知识获取之间的斜率并不显著大于高认知动机和低亲社会动机以及高亲社会动机和低认知动机的情况，但高认知动机和低亲社会动机以及高亲社会动机与低认知动机下信息型断裂与外部知识获取之间的斜率显著大于低认知动机和低亲社会动机的情况。这一结果说明，团队认知动机与团队亲社会动机均能够单独地为"信息型断裂—外部知识获取"作用关系提供足够的外部导向动机。当团队仅具有高团队认知动机或团队亲社会动机时，信息型断裂对外部知识获取的积极效应就可得到有效发挥；而在高认知动机氛围下增进亲社会动机或者在亲社会动机氛围下提高认知动机均无法有效促进出现信息型断裂的知识型团队中的外部知识获取。这一结论为管理实践提供了重要启示，即在需要利用信息型断裂提供的多元化外部知识网络和增强的吸收能力促进外部知识获取时，团队只需要聚焦于某一种信息加工动机的构建（团队认知动机或亲社会动机）而无需同时提升这两种动机。

（3）团队认知动机、团队亲社会动机及信息型断裂的三项交互能够积极促进内部知识整合，假设9得到验证。

结合假设3可知，虽然团队认知动机对信息型断裂与内部知识整合之间关系的调节作用不显著，团队认知动机与团队亲社会动机的交互项却能够积极调节信息型断裂与内部知识整合之间的关系。由此，本研究在一定程度上证实了团队认知动机调节作用的情境依赖性，即团队认知动机在"信息型断裂—内部知识整合"作用关系中的调节作用有赖于团队亲社会动机的水平。当团队存在较高亲社会动机时，团队认知动机水平越高，信息型断裂越能够促进内部知识整合；而当团队亲社会动机较低时，团队认知动机对信息型断裂与内部知识整合之间的调节作用不显著。该结果验证了理论假设，说明团队认知动机虽然能够激发成员的认知需求，但同时也极易使团队任务冲突升级，加剧断裂所带来的紧张焦虑的氛围。此时，较高的团队亲社会动机营造出心理安全氛围，有助于子团队间冲突的解决以及紧张焦虑甚至对立氛围的缓解，使团队认知动机在"信息型断裂—内部知识整合"作用关系中的积极调节作用得到激发。斜率差值比较结果显示，相比于高团队亲社会动机低认知动机或高团队认知动机低团队亲社会动机的情境，当团队亲社会动机与认知动机均处于较高水平时，信息型断裂最能够促进内部知识整合。

信息型断裂在积极情境因素的调节作用下能够促进团队整合能力和团队创造力的实证结果侧面验证了前人研究结论（Cooper 等，2014；Ren 等，2015）。例如，任等（Ren 等，2015）探讨了由反映多样性（Variety）、偏差（Separation）与不等（Disparity）的文化背景、任务意义及职业等级等属性构成的团队断裂对团队绩效的影响。研究发现，团队断裂无法对团队绩效产生显著的主效应，而子团队间的友谊连接（Bridging Friendship Ties）能够消除子团队间偏见，使团队有效利用由不同文化背景所带来的信息多样性，促进科研团队绩效。在其补充研究中，当排除文化背景这一信息型属性后，作者并未发现团队友谊连接在由任务意义和职业等级构成的团队断裂与团队绩效之间的调节效应。换句话说，在排除信息型属性特征而形成的团队断裂中，即使存在积极调节因素，任务相关多样性信息资源的匮乏也会造成团队断裂无法对绩效产生积极影响。因此，团队断裂构成属性中包含信息型属性（Variety）是团队断裂在特定情境因素下促进团队绩效的基础前提（Ren 等，2015）。本研究虽然未作出信息型断裂与社会分类型断裂的对比研究，但是信息型断裂在团队认知动机与亲社会动机的调节作用下能够积极促进团队整合能力及创造力的结果在一定程度上支持了任等（Ren 等，2015）的结论，未来需要更深入的对比研究来进一步验证该结论。

四、团队整合能力对团队创造力的影响

（1）外部知识获取能够促进团队新颖、有用想法的产生，假设10得到验证。

本研究发现，对企业内外部新知识、新技术与新资讯的学习和获取能够打破团队的惯性思维，增加团队已有的知识储备，从而促进团队创造力的产生。当前，外部知识获取与团队产出之间关系并未得到一致结论。有学者认为外部知识获取与团队产出之间关系受到一系列情境因素的影响。例如，崔（Choi，2002）在其提出的聚焦于外部过程的团队效能模型中认为，团队外部过程或活动对团队产出的影响取决于一系列权变因素，如外部环境特征、外部互依性、时间因素以及任务复杂性等。哈斯（Haas，2006）证实了外部知识搜集（获取）与项目绩效之间的关系受到团队能力的调节作用。当团队冗余时间较多、工作经验丰富、决策自主性程度高时，团队外部知识搜集与团队/项目绩效之间呈正相关关系。然而，也有研究认为外部知识获取对团队绩效具有负向影响。如团队跨界行为相关研究发现，过度的外部技术侦查活动将对项目绩效产生消极影响（如Ancona和Caldwell，1992）。同时还有研究发现，团队外部知识获取能够积极促进团队创造力和创新绩效。例如，团队外部学习相关研究（与团队外部知识获取的构念与测量类似）普遍认为，不断地获取外部新知识和前沿市场与技术信息是新产品、新流程和新服务真正具有新颖性（应用了前沿技术）和有用性（满足了消费者需求）的关键过程（Bresman和Henrik，2013）。萨默奇和卡拉里（Somech和Khalaili，2014）发现，团队跨界行为中的外部技术侦查维度能够显著提升团队创新绩效。由此可见，团队效能标准是外部知识获取与团队效能产出之间关系的潜在调节变量。当团队绩效以项目完成度评价时，过度的外部知识获取会增加团队信息搜寻成本并造成信息过载，从而延迟团队项目的完成日期，消极影响团队绩效。而本研究中外部知识获取产生积极影响的主要原因就在于团队效能的评价

标准是创造力。

（2）内部知识整合与团队创造力之间呈显著的正相关关系，假设11得到验证。

知识整合是将个体成员所拥有的零散式专业化知识通过交换、重组与加工而成为适用于当前任务的团队层面知识集合的过程（Hinsz等，Okhuysen等，2002）。有学者认为，团队层面的知识整合过程是实现组织多元化认知资源价值的核心过程（Tiwana，2005）。在该过程中，团队不断地进行知识创造、不同领域知识之间的交叉与碰撞，激发团队以不同以往的方式思考问题，使新颖有用的新想法和新点子源源不断地产生。哈维（Harvey，2014）构建的团队创造力过程模型也提出，不同学科之间的异质性知识整合是多元化团队形成并保持卓越创造力（Extraordinary Creativity）的根本因素（Harvey，2014）。

（3）外部知识获取对团队创造力的积极影响能够被内部知识整合所中介，假设12得验证。

有学者认为，团队内外部过程之间存在复杂关系。在资源有限的假设下，团队内外部过程之间可能相互促进，产生协同效应（synergy），也可能产生竞争关系，彼此削弱。但当前相关研究的匮乏使团队内外部过程之间的复杂关系仍未得到清晰的理论阐述和实证检验（Ancona，1990；Choi，2002）。本研究发现，除了直接促进团队创造力，外部知识获取能够通过促进内部知识整合而间接提升团队创造力。具体来说，外部知识获取能够拓宽内部知识整合的领域及范围，为如何整合已有知识提供新的借鉴和经验，为如何在现有各领域知识建立起新颖连接提供新的方法和视角，从而间接促进新想法和新点子的涌现。

五、团队整合能力的中介作用

本研究发现了团队整合能力在团队信息加工动机对"信息型断裂—团队创造力"作用关系中所起调节作用的中介作用。结论证实，知识与信息整合作为团队信息加工的核心过程,(在积极情境因素调节作用下)能够有效地将信息型断裂所提供的丰富认知资源、多元化外部知识网络以及子团队结构优势转化为团队创造性产出。

(1) 实证结果发现,仅有外部知识获取能够中介团队认知动机在信息型断裂与团队创造力之间关系中的调节作用,而内部知识整合的中介作用不显著,因此假设13得到支持,假设14则未得到支持。该结论说明,在团队认知动机的调节作用下,信息型断裂对团队创造力的积极效应主要通过促进外部知识获取而实现。由于假设3未得到支持,即团队认知动机无法显著调节信息型断裂与内部知识获取之间的关系,因此内部知识获取也无法中介团队认知动机在"信息型断裂—内部知识整合"作用关系中的调节作用。假设14未得到支持的原因可参见前文中对假设3不显著的原因的探讨。

(2) 外部知识获取与内部知识整合能够中介团队亲社会动机对信息型断裂与团队创造力之间关系起到的调节作用,即信息型断裂与团队亲社会动机的交互作用能够同时通过外部知识获取与内部知识整合的"双通道"路径影响团队创造力,假设15和假设16得到支持。本研究首次考察并验证了知识与信息整合作为信息加工的核心过程——在信息型断裂与团队创造力之间的重要中介作用。同时,本书还验证了在团队亲社会动机的边界作用下,团队内外部知识过程在信息型断裂与团队创造力之间能够同时起到中介作用。正如团队效能理论所提出的那样,作为复杂的汇编式团队构成投入,信息型断裂(在一定情境因素作用下)不但能够直接影响团队效能产出——团队创造力,还能够通过同时影响并塑造团队内部成员之间以及团队与外部利益相关者之间的交互机制而间接影响团队效能产出(Gladstein, 1984)。

(3) 本研究进一步验证了在团队认知动机与团队亲社会动机的调节作用下,外部知识获取和内部知识整合在信息型断裂与团队创造力之间的链式中介作用,因此假设17及假设18得到支持。虽然团队认知动机与信息型断裂的交互无法通过内部知识整合而间接促进团队创造力，但仍然能够通过对外部知识获取的积极影响间接促进内部知识整合，并最终促进团队创造力。综合假设13至假设16与假设17至假设18的实证结果可知，信息型断裂与团队认知动机的交互能够通过外部知识获取以及"外部知识获取—内部知识整合"两条路径影响团队创造力；而信息型断裂与团队亲社会动机的交互则能够通过外部知识获取、内部知识整合以及"外部知识获取—内部知识整"三条路径影响团队创造力。

由此可见，"信息型断裂—外部知识获取—团队创造力""信息型断裂—内部知识整合—团队创造力"以及"信息型断裂—外部知识获取—内部知识整合—团队创造力"作用链条具有极大的情境依赖性。本研究发现，只有在团队认知动机和/或亲社会动机调节的作用下，上述路径机制才能够发挥作用，这也是本研究采用中介和调节机制交叉融合方式构建理论模型的重要原因之一。只有同时探讨信息型断裂影响团队创造力的中介过程及调节机制，才能深入、全面并系统地回答信息型断裂"何时"以及"如何"影响团队创造力这一重要理论与实践问题。

第二节 研究结果的理论意义

本研究基于投入—中介—产出（IMO）团队效能框架，整合分类－加工模型与动机性信息加工理论，构建了在团队认知动机与亲社会动机的调节作用下，信息型断裂通过团队整合能力影响团队创造力的理论研究模型。具体来讲，本研究分析了信息型断裂对团队整合能力与团队创造力的正向促进和负向抑制作用机制，考察了团队认知动机及亲社会动机在"信息型断裂—团队整合能力"和"信息型断裂—团队创造力"作用关系中的调节作用，并探析了团队整合能力在该调节效应中的中介作用。利用来自124个知识型团队的有效样本，本研究实证检验了理论模型中的相关假设。与以往研究相比，本研究的理论贡献主要有以下四点。

1. 分析了信息型断裂与团队整合能力及团队创造力之间的关系，为信息型断裂的"双刃剑"效应提供实证支持，为分类－加工模型相关理论假设提供实证支持，并拓展了团队效能领域的相关研究。

首先，依据分类－加工模型可知，由于能够同时促进信息深度加工和引发子团队间偏见，基于成员任务相关型属性的一致性联合效应所形成的信息型断裂预计可对团队信息加工过程及团队产出产生"双刃剑"效应。本研究中信息型断裂对团队整合能力以及团队创造力直接效应不显著的结论为分类－加工模型相关理论假设提供了佐证。其次，当前信息型断裂与创造力/创新之间关系研究尚处于起步阶段，无论是文献数量还是理论深度都存在不足，因此，本研究也拓展并完善了信息型断裂结果变量以及团队创造力前摄因素的相关研究。最后，有学者提出，当前团队效能相关研究普遍忽视了对基于复杂汇编算法的团队构成投入（如团队断裂）与对先进（Advanced）团队效能产出评价标准（团队创造力）的关注（马修 Mathieu 等，2008），本研究深入探索了信息型断裂影响团队创造力的作用机制，因此对团队效能领域相关研究也进行了丰富和拓展。

2. 将动机性信息加工理论与团队断裂研究相结合，发现了团队信息加工动机（团队认知动机及亲社会动机）在"信息型断裂—团队整合能力"以及"信息型断裂—团队创造力"作用关系中的不同调节机制，丰富并拓展了信息型断裂调节机制研究，同时深化了对团队层面认知动机与亲社会动机作用机理的认识和理解。

由于信息型断裂潜在的"双刃剑"效应，使得发掘能够有效"正向强化"信息型断裂积极效应和"负向规避"其消极影响的调节因素的发掘成为学者们关注的焦点和重点。当前，部分学者围绕团队氛围、领导行为、团队、任务与目标特征以及外部环境特征等展开了对信息型断裂与过程及产出之间调节效应机制的探析。其中，仅有国内学者屈晓倩和刘新梅（2016）、林明等（2016）以及杨陈和唐明凤（2017）等对信息型断裂与创造力/创新之间关系的调节机制展开了针对性研究。由此可见，对信息型断裂与团队创造力之间调节效应的研究仍然十分匮乏，且严重忽视了团队信息加工动机的关键边界作用。团队信息加工相关动机能够从本质上改善出现断裂的团队中的人际关系并影响团队信息加工方式，因此将有效促进信息型断裂与信息深层次加工及创造性产出之间的关系（Van Knippenberg 等，2004；Guillaume 等，2017）。实证结果显示，团队认知动机与亲社会动机能够在"信息型断裂—团队整合能力"以及"信息型断裂—团队创造力"作用关系中起到显著的不同的调节作用，体现在团队亲社会动机能够显著调节"信息型断裂—内部知识获取"作用关系，而认知动机却并不能调节这一作用关系。通过进一步的三项交互调节效应分析，发现团队认知动机在"信息型断裂—内部知识整合"作用关系中的调节作用具有一定情境依赖性,取决于团队亲社会动机的高低。因此,通过首次将动机性信息加工理论与团队断裂研究相结合,本研究拓展并深化了信息型断裂调节机制研究。此外,随着团队研究的兴起,团队动机相关研究却普遍滞后。当前学术界普遍将团队成员个体动机特质的平均加总作为团队动机的反映(Kearney 等,2009),却并未真正构建团队层面动机概念并展开相关研究(Park 等,2013)。本研究中将团队动机视为一种真正的集体现象(Truly Collective phenomenon)(Park 等,2013),加深了学术界对团队认知动机与亲社会动机作用机理的认识与理解,并响应学者呼吁,丰富了团队层面认知动机和亲社会动机的相关研究(Grant,2008)。

3. 发现了团队整合能力对团队创造力的积极影响,以及外部知识获取通过内部知识整合促进团队创造力的间接路径。

整合能力构念来源于组织战略理论领域,而在团队这一较为微观的层面上展开的研究尚处于初始阶段。格兰特(Grant,1996)在组织知识整合模型中提出,团队层面知识整合是组织知识整合能力的核心和基石(Grant,1996)。然而,当前仅有两篇文献探讨了团队(内部)知识整合能力与团队绩效之间的关系(Gardner 等,2012;Basaglia 等,2010),团队整合能力与团队创造力之间的关系还未有文献涉及。首先,本研究检验了团队整合能力(外部知识获取与内部知识整合)对团队创造力的积极效应,填补了该领域研究的缺失和空白。其次,安科纳(Ancona)和考德威尔(Caldwell)(1990)以及崔(Choi,2002)提出,团队外部和内部过程之间存在复杂的密切关系,二者之间可能彼此协同增进(Synergy),也可能彼此干扰削弱(Competition),然而当前学术界却对团队内外部过程之间的关系缺乏足够的认识和了解。本研究发现,外部知识获取不但能够直接促进团队创造力,还能够拓展可用于整合的知识领域以及知识如何被整合的新方式及新方法,从而间接促进团队创造力。这一发现对团队效能领域中有关团队内外部过程之间关系的相关研究做出一定的理论贡献,同时也为图什曼(Tushman,

1977，1981）所提出的团队信息沟通模型提供了一定的实证支持（Tushman，1981；Tushman，1977）。

4. 发现了团队整合能力在团队信息加工动机对"信息型断裂—团队创造力"作用关系中所起的调节作用中的中介效应，揭示了信息型断裂与团队认知动机以及信息型断裂与团队亲社会动机的交互项通过外部知识获取、内部知识整合以及"外部知识获取—内部知识整合"三条路径影响团队创造力的中介机制。

相较于调节机制研究，信息型断裂中介机制研究发展极为滞后。当前仅有少数几篇研究探索了信息型断裂影响产出的中介机制，且其中一部分还是基于社会分类视角，分析了团队冲突（包括任务、情感及地位冲突）的中介作用，基于信息加工视角的中介机制研究十分匮乏。作为能够实现信息型断裂丰富认知资源及子团队结构优势的核心过程，对信息加工中介机制的忽视会造成严重的理论和实践问题。而且，在基于信息加工视角展开的中介机制研究中，学者仅探讨了交互记忆系统、团队反思与隐性知识转移在信息型断裂与产出之间的中介作用（杨陈等，2017；屈晓倩等，2016；陈帅，2016），而对信息加工的核心过程——知识与信息整合的中介作用缺乏应有的关注与探讨。信息加工元理论指出，团队中个体贡献（Individual – Levelcontribution）与团队组合过程（Team – Level Combination）是实现多元化认知资源价值的两类核心要素。因此，从团队整合能力视角出发，能够深刻揭示信息型断裂如何通过信息加工核心过程——知识与信息整合而影响团队创造力的作用机制。同时，团队效能理论提出，团队构成投入能够同时通过内外部过程机制影响团队产出，但当前团队断裂中介机制研究普遍将团队视为闭合系统，极大地忽视了外部过程在团队断裂与产出之间的转化作用。因此，本研究基于团队整合能力理论，首次整合了信息加工与内外部研究视角（External and Internal Perspective）（Ancona 等，1990），分析了外部知识获取与内部知识整合在信息型断裂与团队创造力之间的中介作用，全面深化了对信息型断裂中介机制的认识和理解。此外，即使有研究探索了团队断裂通过"双通道"

机制影响产出的内在机理（Ellis 等，2013；Spoelma 和 Ellis，2017），尚未有学者探索两条中介机制在团队断裂与产出之间的链式中介作用。本研究首次探索了外部知识获取与内部知识整合（在团队信息加工动机的边界作用下）在信息型断裂与团队创造力之间的链式中介效应，对信息型断裂中介机制研究的深化发展起到了重要推动作用。

  此外，在当前企业面临的动态性及复杂性环境下，团队整合能力成为决定团队效能产出的关键能力之一（Grant，1996）。然而，除了加德纳和吉诺（Gardner Gino，2012）以及巴萨利亚（Basaglia，2010）探讨了团队资源、资源结构以及团队氛围对团队（内部）知识整合能力以及团队绩效的影响之外，围绕团队整合能力展开的理论及实证探讨极为匮乏。本研究发现，在团队信息加工动机的调节作用下，基于成员间多重任务相关属性的一致性联合所形成的信息型断裂能够有效促进团队整合内外部碎片式、专业化知识的能力。进而，团队对内外部有价值的稀缺知识资源的高效整合将有效促进团队创造力提升。随着团队成为现代企业的基本组织形式，本研究将整合能力研究视角从宏观组织层面（Macro – Level）扩展至较为微观的团队层面（Micro – Level），并在理论模型中同时纳入了整合能力的全部维度——外部整合能力和内部整合能力，对团队整合能力研究领域做出一定贡献。

第三节 研究结果的实践意义

知识经济时代，随着知识型团队的多元化构成发展以及企业对于创造力与创新的迫切需求，如何高效管理出现信息型断裂的多元化团队成为企业管理层面临的重要挑战。本研究通过对124个知识型团队的实证分析，所得结论对多元化团队创新管理实践具有以下三点重要启示。

第一，针对信息型断裂对团队整合能力和创造力的"双刃剑"效应构建高水平团队认知动机和亲社会动机，以充分激发信息型断裂对团队内外部知识整合能力以及团队创造力的积极效应并抑制其消极影响，对出现信息型断裂的多元化团队进行高效的创新管理。团队动机的营造和构建可通过特定情境因素的"社会化"方法（Socialization）以及选择具有较高个体动机水平的成员（Selection）等两种方法来实现。而且，在营造团队动机氛围时，要注重发挥管理者和关键员工的作用。

首先，作为团队关键角色模范（Critical Role Model），团队领导或管理者的做法和行为能够有效引导团队特定规范和氛围的建立。团队领导可通过语言框架、奖励、反馈、行为示范等方式向成员传递团队所重视的行为和规范（Norm）。例如，如果团队领导在工作过程中展示出了对任务相关信息"打破砂锅问到底"的倾向和行为，那么团队成员将接收到这一环境信号（Cue），认识到该行为在团队中是受到鼓励和支持的，通过人际交互过程逐渐形成团队内部所共享认知动机氛围。类似地，如果团队领导和管理者在工作过程中以身作则，展示出关心他人以及在工作中为他人谋利的行为（如关心生病员工、在工作中强调公平与合作、牺牲个人利益换取集体利益等），团队成员也将逐渐接收到这一信号并受到"感染"（Contagion），从而形成一种共享的"团队重视和鼓励通过努力使他人受益"的集体感知。此外，当成员展示出较高的认知需求和亲社会行为时，团队领导或管理者及时予以表扬也将有助于团队认知动机和亲社会动机的形成。因此，团队领导和管理者的语言框架、行为示范以及及时反馈对于团队认知动机和亲社会动机的营造具有关键的推动作用。同时，其他一系列管理措施也能够有效激发团队认知动机和亲社会动机的形成。学者发现，提高团队过程问责（Process Accountability）、提升团队偏好多样性（Preference Diversity）、鼓励团队追求准确和精确、减少团队时间压力、降低工作环境中的噪音以及威胁等措施均有助于提升团队认知动机。例如，当团队成员发现需要对工作完成过程中的每一个步骤承担责任时，他们将会更倾向于广泛搜寻和获取与当前任务相关的知识和信息以形成准确、深入的理解，提升决策质量。因此，在多元化团队中可构建过程控制（Process Control）管理机制，提高过程问责，并由此激发团队认知动机。而时间压力对于团队认知动机则起到显著的削弱作用。面对严格时间压力，团队将会采用快速、无需费力（Effortless）启发式信息加工方式尽量快速地处理信息并作出一致性决策，极大地削弱了决策质量和创造力。因此，管理层在多元化研发团队攻克难题或开发新技术时，应尽量减少严格截止日期的制定或依据研发进程灵活设定截止日期，使团队有充裕的时间和精力投入到对任务相关信息的全面和深层次搜寻和加工活动中。在促进团队亲社会动机的情境因素方面，学者发现合作式奖励系统（Cooperative Reward System）——奖励团队整体而非个体成员能够有效激发团队亲社会动机的产生。同时，鼓励团队成员之间以及团队成员与外部利益相关者（External Beneficiaries）之间的沟通与接触以建立熟悉感（Familiarity）和积极人际关系并了解他人需求，也能够提升团队为他人利益着想的意愿和动机。

其次，除了通过关键角色模范的示范作用以及特定情境因素促进团队动机的形成之外，团队认知动机和亲社会动机的构建也可来源于对具有高个体认知动机和亲社会动机特质（Trait）成员的选择（Selection）。研究发现，具有较高认知需求和经验开放程度（Openness to Experience）的员工的认知动机更高。而具有较高亲社会价值观、集体主义导向、宜人性（Agreeableness）和信任倾向的个体普遍具有较高的亲社会动机。因此，在招聘和组建多样性工作团队时，企业人力资源管理部门可通过一系列性格测试来招聘和筛选具有较高宜人性以及认知需求的员工以促进企业和多元化团队中亲社会动机和认知动机氛围的营造。值得注意的是，团队亲社会动机或团队认知动机的形成并不需要每个成员都具有较高的亲社会动机或认知动机特质。在集体动机的形成过程中，团队领导以及领袖成员的作用尤为突出。他们是否具有认知动机和亲社会动机很大程度上决定了团队的认知动机和亲社会动机水平。虽然没有研究直接探讨领导认知动机和亲社会动机特质能否促进团队认知动机和亲社会动机的形成，但格兰特（Grant，2012）提出的团队利己规范（Self-Interested Norm）向亲社会规范的转化模型为该管理启示提供了一定支持。学者发现，挑战者的地位对于团队利己规范向团队亲社会规范的成功转化具有决定性作用。对当前团队行为规范和标准产生质疑的挑战者地位越高，越能够促进新团队规范的转换（Shift）。

最后，依据研究结论可知，在团队知识活动的不同阶段，团队领导需要注意在不同团队信息加工相关动机之间的转化。例如，研发项目的起始阶段需要广泛开展外部学习、获取新知识、技术和资讯，此时构建团队认知动机和亲社会动机均能够分别有效促进团队利用异质性外部知识网络和增强的吸收能力展开外部学习。但是三项交互的结论表明当团队认知动机和亲社会动机同时较高时，反而使信息型断裂对外部知识获取的积极影响得不到有效发挥。因此，在该阶段团队应选择营造一种特定动机而非同时加强两种动机。在需要对新知识和现有知识进行系统整合时，团队应注重亲社会动机氛围的构建以促进合作式冲突解决、缓解子团队间偏见对信息深层次加工的消极影响。此外，三项交互调节效应结论以及斜率差值比较结果意味着，相比团队具有高认知动机和低亲社会动机以及具有高亲社会动机和低认知动机时，同时具有高认知动机和亲社会动机水平时信息型断裂最能够促进内部知识整合。因此，当团队已经获取足够新知识、新技术和新资讯，急需将其吸收、转化并整合应用在研发项目中时，管理者可采取措施共同提升团队亲社会动机与团队认知动机水平。如果管理者需要同时提升出现信息型断裂的团队中的内外部知识整合能力，则应注重团队亲社会动机氛围的构建。

第二，采取有效措施促进团队整合能力发展。本研究发现，团队整合内外部碎片式、专业化知识与信息的能力能够有效提升团队创造力。因此，在工作团队中，管理者要随时监督和观察团队整合能力水平。例如，成员是否积极关注外部市场和技术发展动态并与组织内其他工作团队展开合作与交流，是否在问题解决过程中全面交流与共享了多元化知识与观点，以及是否对任务相关问题的讨论达到了一定深度。一旦发现团队整合能力的不足或下降，管理者需要采取特定措施进行干预。在内部整合能力方面，除了通过信息型断裂与团队亲社会动机的交互作用促进内部知识整合之外，奥克休伊森和艾森哈特（Okhuysen 和 Eisenhardt，2002）发现了能够有效促进团队知识整合的简单正式干预措施：质询他人（Questioning Others）和时间管理（Managing Time）。因此，在内部整合能力较低时，管理者可通过增加问询或质询环节以及为团队任务完成安排合理进程以有效促进团队对异质性知识整合。团队自主性和试验性氛围也能够有效促进团队内部知识整合能力发展。例如，管理者可通过管理授权以及要求团队提出至少两种替代性问题解决方案来增强团队自主性和试验性氛围。此外，在技术更新日新月异、消费者需求不断发生变化的当代企业界，能否高效整合外部知识资源成为团队创新发展的重要基石。随着工作团队的自我管理权限及自主性越来越高，成员已经拥有充分的自主性展开跨越团队甚至组织边界的外部知识与信息的沟通与交流。因此，管理者要创造条件鼓励团队外部知识活动的发展。例如，鼓励员工加入各个职业联合会、参加专业研讨会等获取消费者市场及技术发展动向与趋势；与消费者、顾客、供应商、合作者保持密切沟通与联系以获取新产品、新技术、新服务或新流程反馈，将外部利益相关者的意见和建议吸收并整合利用在研发活动中。同时，管理者需要在团队内部建立鼓励和支持性的氛围，支持成员的外部学习活动的开展，而管理者作为关键角色模范，也能够通过积极主动的开展跨界行为以鼓励成员效仿。最后，企业可构建开放式创新平台（如海尔搭建的线上开放创新平台"HOPE"，Haier Open Partnership Ecosystem），使全球资源在平台上实现零距离交互，为研发团队高效吸收并整合外部新知识、新技术和创新能力以促进自身创新发展提供结构性支持（Structure Support）。

第三，在满足特定情境条件下促进信息型断裂的形成。以往研究多认为即使是信息型断裂，团队内部分化的产生也会造成团队分裂及过程损耗，阻碍团队利用丰富认知资源并严重抑制团队效能产出（Bezrukova 等，2012）。然而，越来越多的学者提出，信息型断裂的存在能够将丰富认知资源转化为高效决策和优秀产出（韩立丰等，2010）。例如，卫旭华等（2015）发现，任务型断裂强度越高，企业创新强度就越大。杨陈和唐明凤（2017）等也发现团队内部围绕学教育背景形成的子团队或知识"共同体"能够促进科研团队创新绩效（如团队成果创新度等）。库珀（Cooper 等，2014）提出在环境复杂性较高，资源较丰富的情况下，促进高管团队内部信息型断裂/知识子团队的形成能够有效提升绩效产出。知识子团队的产生不但为团队构建了多元化外部社会网络，提升团队吸收能力，还能够有效对外部环境变化做出快速、准确的反应，有助于团队外部学习的开展。在上述研究的管理启示中，学者均建议在满足特定情境因素调节下，在团队内进行适度结盟，形成知识共同体，并强化各个子团队的独特性以促进企业创新强度和绩效产出。本研究发现，在团队具有较高认知动机和/或亲社会动机的前提下，团队领导能够通过激发知识子团队的产生而促进团队整合能力发展，并进一步促进团队新颖和有用想法的产生。因此，依据本研究的实证结果，在团队具有较高认知动机和/或亲社会动机等积极团队氛围时，团队管理者可以通过将具有相似教育、职能背景和工作年限的员工安排进同一团队，促进信息型断裂的产生。值得注意的是，该措施并非意味着降低团队多样性程度以及一味提升信息型断裂强度，而是在保证团队多样性构成且在团队具有较高认知动机和亲社会动机氛围的条件下，适度提升团队内部形成子团队的概率将有助于团队整合能力的发展以及团队创新想法的产生。

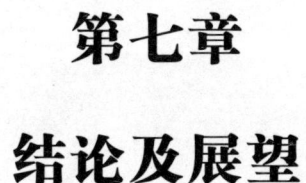

第七章

结论及展望

序言

中国农业出版社

第一节 主要研究结论

本研究构建了在团队信息加工动机（团队认知动机及亲社会动机）的调节作用下，信息型断裂直接和间接通过团队整合能力（外部知识获取与内部知识整合）作用于团队创造力的理论概念模型。采用问卷调查的方法，共收集 124 个有效知识型团队样本，综合运用多元回归分析、被中介的调节效应、三路径的中介效应以及斜率差值比较法等分析方法对研究假设进行了实证检验。通过文献梳理、理论论述、研究设计以及实证分析，本研究得出了以下结论。

1. 信息型断裂对团队整合能力及团队创造力的主效应不显著。造成这一结论的原因在于信息型断裂既能够通过提供丰富外部知识网络、异质性认知资源以及共同体效应并增强团队吸收能力促进团队外部知识获取、内部知识整合以及团队创造力，也可能通过对外部导向动机的抑制、激发子团队间偏见抑制团队整合能力和团队创造力。

2. 团队信息加工动机在信息型断裂与团队整合能力、信息型断裂与团队创造力之间关系中起到积极调节作用。其中，团队认知动机能够积极调节"信息型断裂—外部知识获取"以及"信息型断裂—团队创造力"这两组作用关系。团队亲社会动机则能够积极调节"信息型断裂—外部知识获取""信息型断裂—内部知识整合"以及"信息型断裂—团队创造力"这三组作用关系。

3. 团队认知动机与亲社会动机交互的调节效应得到了验证。团队认知动机与亲社会动机的交互项能够积极调节"信息型断裂—内部知识整合"以及"信息型断裂—团队创造力"这两组作用关系。通过斜率差值比较法可知，当团队认知动机与亲社会动机同时处于较高水平时，信息型断裂能够最大程度上促进内部知识整合与团队创造力。信息型断裂与外部知识获取之间关系则不受到团队认知动机与亲社会动机交互项的调节作用影响。

4. 团队整合能力对团队创造力具有显著的促进作用。本研究证实，团队跨越自身或组织边界整合内外部碎片式、专业化知识的能力能够显著促进团队新颖、有用想法的涌现。此外，本研究还发现外部知识获取能够通过促进内部知识整合而间接提升团队创造力。

5. 团队整合能力能够中介团队信息加工动机在"信息型断裂—团队创造力"作用关系中起到的调节作用。其中，团队认知动机与信息型断裂的交互项能够通过外部知识获取与"外部知识获取—内部知识整合"等两条路径间接促进团队创造力。团队亲社会动机与信息型断裂的交互项则能够通过外部知识整合、内部知识获取以及"外部知识获取—内部知识整合"等三条路径的中介作用共同促进团队创造力。

第二节 本书的创新点

与前人研究相比，本书取得的创新点主要有如下 4 点。

1. 构建并验证了信息型断裂、团队整合能力和团队信息加工动机对团队创造力作用的理论模型。本研究采用中介、调节机制交叉融合的研究方法，首次从团队信息加工动机及团队整合能力的整合视角探索了"信息型断裂何时以及如何影响团队创造力"这一重要的理论和实践问题，有效弥合了当前信息型断裂与团队创造力关系研究不足的现状，对团队断裂和创造力相关领域以及多元化团队创新管理实践具有重要的推动和指导意义。利用 124 个来自高科技、电力设计行业以及银行业的知识型团队样本展开的实证分析表明，本研究所构建的信息型断裂、团队整合能力和团队信息加工动机对团队创造力作用的理论模型在整体上得到了支持。

2. 揭示了团队认知动机和团队亲社会动机在"信息型断裂—团队整合能力"以及"信息型断裂—团队创造力"作用关系中的不同调节作用规律。当前信息型断裂调节机制研究主要探讨了领导行为、团队认同、任务及目标特征等因素的调节作用，却忽视了能够直接改善子团队间偏见并对出现信息型断裂的团队中信息加工方式产生本质影响的情境因素——团队信息加工动机的边界作用。通过首次将动机性信息加工理论与团队断裂调节机制研究相结合，本研究发现：团队认知动机显著调节"信息型断裂—外部知识获取"以及"信息型断裂—团队创造力"这两组作用关系；团队亲社会动机则能够显著调节"信息型断裂—外部知识获取""信息型断裂—内部知识整合"以及"信息型断裂—团队创造力"这三组作用关系。这一结论从团队动机视角丰富了信息型断裂的调节机制研究,并深化了对团队层面认知动机和亲社会动机作用机理的认识。

3. 发现了团队认知动机与亲社会动机的交互项在"信息型断裂—内部知识整合以及"信息型断裂—团队创造力"这两组关系中的积极调节效应。依据动机性信息加工理论,当团队同时具有高亲社会动机与高认知动机时,将最大程度地促进信息深层次加工。本研究首次引入三项交互调节方法和斜率差值比较法,分析并明确了何种团队认知动机与亲社会动机水平组合能够最大化促进信息型断裂对团队整合能力以及团队创造力的积极影响。实证结果发现:在团队同时具有高认知动机和高亲社会动机时,信息型断裂能够最大程度地促进内部知识整合以及团队创造力。这一结论深化和细化了信息型断裂调节机制研究,并验证了团队认知动机在"信息型断裂—内部知识整合"作用关系中所起调节作用的情境依赖性。

4. 揭示了团队整合能力在团队信息加工动机对"信息型断裂—团队创造力"作用关系所起调节效应中的中介作用。当前信息型断裂中介机制研究不但十分匮乏,而且严重忽视了对能够实现信息型断裂积极效应的信息加工核心过程——知识与信息整合的探讨。此外,当前研究普遍将团队视为闭合系统,忽视了团队外部过程在信息型断裂与团队产出之间的重要转化作用。通过首次将信息加工视角与内外部研究视角相结合,本研究探索了团队整合能力在团队信息加工动机对"信息型断裂—团队创造力"作用关系所起调节效应中的中介作用。实证结果发现:在团队认知动机调节作用下,信息型断裂将通过外部知识获取以及"外部知识获取—内部知识整合"两条中介路径影响团队创造力;在团队亲社会动机调节作用下,信息型断裂将通过外部知识获取、内部知识整合以及"外部知识获取—内部知识整合"三条中介路径影响团队创造力。这一研究结论深化了对信息型断裂与团队创造力之间复杂路径机制的理解和认识,并丰富和拓展了信息型断裂中介机制研究。

第三节　研究不足及展望

虽然本研究基本完成了预期目标，但由于种种客观条件限制，仍然存在一定不足。需要在未来解决或弥补的缺陷以及未来研究展望主要有以下几点：

1. 本研究采用了横截面数据而非纵向追踪数据来检验理论研究模型，因此只能分析变量之间的相关关系而无法确定变量之间因果关系。而且，采用横截面数据开展实证研究时，变量间逆向因果关系（Reverse Causality）也是造成统计结果不稳健的重要因素。此外，本研究样本为知识团队，研究结论的普适性仍有待探讨。在未来研究中，可通过更为严密的问卷设计以获取横截面数据，从而探讨变量之间是否具有因果关系。而且，将样本扩展至其他类型团队（如制造团队和营销团队）开展不同样本之间的对比研究，预计也可得到有意义的结论。

2. 当前团队创造力研究普遍采用主观量表进行测量，本研究也借鉴了这一做法。采用主观量表测量团队创造力极有可能引发社会偏好（Social Desirability）误差，从而对实证结果的稳健性造成影响。本研究中团队创造力的均值与标准差均在正常范围内，因此社会偏好误差并不显著。有学者提出，将客观标准纳入团队创造力的测量中可以有效减少社会偏好等误差，提高研究结论的稳健性和可靠性。例如，可以将专利数量（Patent Disclosure）纳入团队创造力的测量标准中，与主观量表共同测量团队创造力水平。在未来研究中，可以通过主观题项与客观标准相结合的方式测量团队创造力，进一步降低社会偏好误差并提升研究的严谨性和实证结果的稳健性和可靠性。

3. 计算团队断裂强度时，虽然项目组采取一定措施保证团队成员参与率高于80%，在团队构成如多样性及断裂研究中，该参与率能够最大程度上减少系统性偏误并提高团队实证结果的解释力，但是仍然存在出现随机和系统性偏误（Bias）的可能性。本研究为了检验研究结果的稳健性，进行了补充研究。将团队回复率不足100%的样本与回复率为100%的样本分别进行统计检验。结果发现，这两类样本所得回归分析结果之间不存在显著差异（假设检验相关结果显著性和方向一致），这两类样本所得回归分析结果与本研究中汇报的结论也不存在显著差异。因此，本研究的实证结果稳健性得到一定保证。在后续研究中，问卷收集过程需要更为严密和精确的设计，同时尽量使团队全部成员均参与到调研活动中以获取更为稳健的实证结果。

4. 在论证团队亲社会动机和认知动机的调节机理时，本研究提出了若干能够中介该调节机制的过程变量。如团队亲社会动机可通过促进团队合作式冲突管理而调节信息型断裂与团队内部知识整合之间的关系。前人研究中，格兰特和贝瑞（Grant 和 Berry，2011）提出了亲社会动机对内部动机与个体创造力之间关系的调节作用能够通过观点采择的中介作用来实现。因此，更为深入地探索调节变量通过何种中介机制影响前因变量、中介变量与结果变量之间的关系应该成为未来研究的重点方向之一。

5. 由于社会分类型团队断裂对团队创造力/创新的研究结论基本一致，本研究并未将社会分类型断裂纳入理论研究模型中，而是重点深入探讨了较少受到关注、与创造力/创新之间关系没有达成一致性观点的信息型断裂与团队创造力之间的中介调节作用机制。在未来研究中，学者也可将社会分类型断裂与信息型断裂纳入同一研究框架中，探讨二者是否对团队整合能力以及团队创造力产生差异化影响，以及团队认知动机与亲社会动机能否有效调节社会分类型断裂与团队整合能力以及团队创造力之间的关系。

参考文献

［1］凯斯·索耶. 天才团队：如何激发团队创造力［M］. 北京：中国人民大学出版社，2009.

［2］Zhou J, Hoever I J. Research on Workplace Creativity: A Review and Redirection［J］. Annual Review of Organizational Psychology and Organizational Behavior, 2014, 1 (1): 333 – 359.

［3］Chen J, Adamson C. Innovation: Integration of Random Variation and Creative Synthesis［J］. Academy of Management Review, 2015, 40 (3): 461 – 464.

［4］Nonaka I. A Dynamic Theory of Organizational Knowledge Creation［J］. Organization Science, 1994, 5 (1): 14 – 37.

［5］Hoever I J, van Knippenberg D, van Ginkel W P et al. Fostering team creativity: Perspective taking as key to unlocking diversity's potential.［J］. Journal of Applied Psychology, 2012, 97 (5): 982 – 996.

［6］Harvey S. Creative synthesis: Exploring the process of extraordinary group creativity.［J］. Academy of Management Review, 2014, 39 (3): 324 – 333.

［7］Lau D C, Murnighan J K. Demographic Diversity and Faultlines: The Compositional Dynamics of Organizational Groups［J］. Academy of Management Review,

1998, 23 (2): 325 – 340.

[8] Bezrukova K, Jehn K A, Zanutto E L et al. Do Workgroup Faultlines Help or Hurt? A Moderated Model of Faultlines, Team Identification, and Group Performance [J]. Organization Science, 2009, 20 (1): 35 – 50.

[9] 谢小云, 张倩. 国外团队断裂带研究现状评介与未来展望 [J]. 外国经济与管理, 2011 (01): 34 – 42.

[10] 王端旭, 薛会娟. 多样化团队中的断裂带：形成、演化和效应研究 [J]. 浙江大学学报 (人文社会科学版), 2009, 39 (5): 122 – 128.

[11] 王端旭, 薛会娟, 张东锋. 试论"远缘杂交"与创造力的提升——以高校科研团队为例 [J]. 科学学与科学技术管理, 2009, 30 (7): 182 – 185.

[12] 万辉. 要当有海龟条纹的"土鳖" [J]. 人力资源, 2004 (3): 22 – 24.

[13] Gratton L, Voigt A, Erickson T. Bridging faultlines in diverse teams [J]. Engineering Management Review IEEE, 2007, 39 (1): 80 – 90.

[14] Jia L, Shaw J D, Tsui A S et al. A Social – Structural Perspective on Employee – Organization Relationships and Team Creativity [J]. Academy of Management Journal, 2014, 57 (3): 869 – 891.

[15] Carton A M, Cummings J N. A Theory of Subgroups in Work Teams [J]. Academy of Management Review, 2012, 37 (3): 441 – 470.

[16] Chrobot – Mason D, Ruderman M N, Weber T J et al. The challenge of leading on unstable ground: Triggers that activate social identity faultlines [J]. Human Relations, 2009, 62 (11): 1763 – 1794.

[17] Harrison D A, Klein K J. What's the Difference? Diversity Constructs as Separation, Variety, or Disparity in Organizations [J]. Academy of Management Review, 2007, 32 (4): 1199 – 1228.

[18] Sethi R, Smith D C, Park C W. How to kill a team's creativity [J]. Har-

vard Business Review, 2002, 80 (8): 16 – 17.

[19] Tsai W C, Chi N W, Grandey A Aet al. Positive group affective tone and team creativity: Negative group affective tone and team trust as boundary conditions. [J]. Journal of Organizational Behavior, 2012, 33 (5): 638 – 656.

[20] Gardner H K, Gino F, Staats B R. Dynamically Integrating Knowledge in Teams: Transforming Resources into Performance [J]. Academy of Management Journal, 2012, 55 (4): 998 – 1022.

[21] Kanfer R, Ackerman P L. Motivation and cognitive abilities: An integrative/aptitude – treatment interaction approach to skill acquisition [J]. Journal of Applied Psychology, 1989, 74 (4): 657 – 690.

[22] Hillebrand B, Biemans W G. Links between Internal and External Cooperation in Product Development: An Exploratory Study [J]. Journal of Product Innovation Management, 2004, 21 (2): 110 – 122.

[23] Henderson R. The Evolution of Integrative Capability: Innovation in Cardiovascular Drug Discovery [J]. Industrial & Corporate Change, 1994, 3 (3711 – 94): 607 – 630.

[24] Chen G, Kanfer R, DeShon R Pet al. The motivating potential of teams: Test and extension of cross – level model of motivation in teams [J]. Organizational Behavior and Human Decision Processes, 2009, 110 (1): 45 – 55.

[25] Chen G, Kanfer R. Toward a Systems Theory of Motivated Behavior in Work Teams [J]. Research in Organizational Behavior, 2006, 27: 223 – 267.

[26] Ray Reagans E Z B M. How to make the team: social networks vs. demography as criteria for designing effective teams [J]. Administrative Science Quarterly, 2004, 49 (1): 101 – 133.

[27] Burrell L. We just can't handle diversity [J]. Harvard Business Re-

view, 2016, 94.

[28] Davidson M N. How hard should you push diversity? [J]. Harvard Business Review, 2012, 90 (11): 139 – 143.

[29] Lau D C, Murnighan J K. Interactions within Groups and Subgroups: The Effects of Demographic Faultlines. [J]. Academy of Management Journal, 2005, 48 (4): 645 – 659.

[30] Cooper D, Patel P C, Thatcher S M B. It Depends: Environmental Context and the Effects of Faultlines on Top Management Team Performance [J]. 2014: 633 – 652.

[31] Nishii L H, Goncalo J A. Demographic Faultlines and Creativity in Diverse Groups [J]. Research on Managing Groups & Teams, 2008, 11 (8): 1 – 26.

[32] Pearsall M J, Ellis A P J, Evans J M. Unlocking the effects of gender faultlines on team creativity: Is activation the key? [J]. Journal of Applied Psychology, 2008, 93 (1): 225 – 234.

[33] Ellis A P J, Mai K M, Christian J S. Examining the asymmetrical effects of goal faultlines in groups: A categorization – elaboration approach [J]. Journal of Applied Psychology, 2013, 98 (6): 948 – 961.

[34] Spoelma T M, Ellis A P J. Fuse or fracture? Threat as a moderator of the effects of diversity faultlines in teams [J]. Journal of Applied Psychology, 2017, 102 (9): 1344 – 1359.

[35] 卫旭华,刘咏梅,岳柳青. 高管团队权力不平等对企业创新强度的影响——有调节的中介效应 [J]. 南开管理评论, 2015, 18 (3): 24 – 33.

[36] 林明,戚海峰,李兴森. 混合所有制企业高管团队断裂带对突破性创新绩效的影响:基于混合高管结构权力平衡的调节效应 [J]. 预测, 2016, 35 (4): 15 – 21.

[37] 杨陈,唐明凤. 团队断裂带对团队创新绩效的作用机理研究 [J]. 科

学学与科学技术管理, 2017, 38 (3): 172-180.

[38] 屈晓倩, 刘新梅. 信息型团队断裂与员工创造力——情绪调节跨层边界作用研究 [J]. 软科学, 2015, 29 (12): 82-86.

[39] 屈晓倩, 刘新梅. 信息型团队断裂与团队创造力关系的实证研究——交互记忆系统的中介作用 [J]. 研究与发展管理, 2016, 28 (1): 52-61.

[40] 屈晓倩, 刘新梅. 信息型团队断裂影响团队创造力的作用机理研究 [J]. 管理科学, 2016, 29 (2): 18-28.

[41] Qu X, Liu X. Informational Faultlines, Integrative Capability, and Team Creativity [J]. Group & Organization Management, 2017: 1026388016.

[42] Mathieu J, Maynard M T, Rapp T et al. Team Effectiveness 1997-2007: A Review of Recent Advancements and a Glimpse Into the Future [J]. Journal of Management, 2008, 34 (3): 410-476.

[43] Thatcher S M B, Jehn K A, Zanutto E. Cracks in Diversity Research: The Effects of Diversity Faultlines on Conflict and Performance [J]. 2003, 12 (3): 217-241.

[44] Li J, Hambrick D C. Factional groups: A new vantage on demographic faultlines, conflict, and disintegration in work teams. [J]. Academy of Management Journal, 2005, 48 (5): 794-813.

[45] Molleman E. Diversity in Demographic Characteristics, Abilities and Personality Traits: Do Faultlines Affect Team Functioning? [J]. Group Decision and Negotiation, 2005, 14 (3): 173-193.

[46] Yuan J, Jackson S E, Shaw J B et al. The Consequences of Educational Specialty and Nationality Faultlines for Project Teams [J]. Small Group Research, 2012, 43 (43): 613-644.

[47] Homan A C, van Knippenberg D, Van Kleef G A et al. Bridging faultlines by

valuing diversity: Diversity beliefs, information elaboration, and performance in diverse work groups [J]. Journal of Applied Psychology, 2007, 92 (5): 1189 – 1199.

[48] Rico R, Sánchez – Manzanares M, Antino M et al. Bridging team faultlines by combining task role assignment and goal structure strategies [J]. Journal of Applied Psychology, 2012, 97 (2): 407 – 420.

[49] Homan A C, Hollenbeck J R, Humphrey S E et al. Facing differences with an open mind: Openness to experience, salience of intragroup differences, and performance of diverse work groups [J]. Academy of Management Journal, 2008, 51 (6): 1204 – 1222.

[50] Hinsz V B, Tindale R S, Vollrath D A. The emerging conceptualization of groups as information processors [J]. Psychol Bull, 1997, 121 (1): 43 – 64.

[51] Choi J N, Sy T. Group – level organizational citizenship behavior: Effects of demographic faultlines and conflict in small work groups [J]. Journal of Organizational Behavior, 2010: n/a – n/a.

[52] Cohen S G, Bailey D E. What makes teams work: Group effectiveness research from the shop floor to the executive suite [J]. Journal of Management, 1997, 23 (3): 239 – 290.

[53] Ancona D G. Outward bound: Strategies for team survival in an organization [J]. Academy of Management Journal, 1990, 33 (2): 334 – 365.

[54] Ancona D G, Caldwell D F. Bridging the Boundary: External Activity and Performance in Organizational Teams [J]. Administrative Science Quarterly, 1992, 37 (4): 634 – 665.

[55] Tiwana A, Mclean E R. Expertise Integration and Creativity in Information Systems Development [J]. Journal of Management Information Systems, 2005, 22 (1): 13 – 43.

［56］刘松博, 张鹏程, 徐才宁. 团队外部学习: 理论缘起、相关研究与展望［J］. 管理评论, 2014（05）: 39-47.

［57］Chung Y, Jackson S E. The Internal and External Networks of Knowledge - Intensive Teams: The Role of Task Routineness［J］. 2013, 39（2）: 442-468.

［58］Bresman H, Zellmerbruhn M. The Structural Context of Team Learning: Effects of Organizational and Team Structure on Internal and External Learning［J］. Organization Science, 2013, 24（4）: 1120-1139.

［59］Thatcher S M B, Patel P C. Demographic faultlines: A meta - analysis of the literature［J］. Journal of Applied Psychology, 2011, 96（6）: 1119-1139.

［60］Thatcher S M B, Patel P C. Group Faultlines A Review, Integration, and Guide to Future Research［J］. Journal of Management, 2012, 38（4）: 969-1009.

［61］Guillaume Y R F, Dawson J F, Otaye - Ebede L et al. Harnessing demographic differences in organizations: What moderates the effects of workplace diversity?［J］. Journal of Organizational Behavior, 2017, 38（2）: 276-303.

［62］Rico R, Molleman E, Sánchez - Manzanares M et al. The Effects of Diversity Faultlines and Team Task Autonomy on Decision Quality and Social Integration［J］. 2007, 33（1）: 111-132.

［63］陈帅. 团队断裂带对团队绩效的影响: 团队交互记忆系统的作用［J］. 心理学报, 2016（01）: 84-94.

［64］Chung Y, Liao H, Jackson S E et al. Cracking but not Breaking: Joint Effects of Faultline Strength and Diversity Climate on Loyal Behavior［J］. Academy of Management Journal, 2015, 58（5）: 1495-1515.

［65］van Knippenberg D, De Dreu C K W, Homan A C. Work Group Diversity and Group Performance: An Integrative Model and Research Agenda.［J］. Journal of Applied Psychology, 2004, 89（6）: 1008-1022.

[66] Hu J, Liden R C. Making a Difference in the Teamwork: Linking Team Prosocial Motivation to Team Processes and Effectiveness [J]. Academy of Management Journal, 2015, 58 (4): 1102 - 1127.

[67] Shin S J, Zhou J. When is educational specialization heterogeneity related to creativity in research and development teams? Transformational leadership as a moderator [J]. Journal of Appllied Psychology, 2007, 92 (6): 1709 - 1721.

[68] 陈静. 基于过程视角的知识整合能力形成机理 [J]. 科技管理研究, 2010, 30 (22): 186 - 189.

[69] Mitchell V L. Knowledge Integration and Information Technology Project Performance [J]. 2006, 30 (4): 919 - 939.

[70] Chuang C, Jackson E S, Jiang Y. USING TEAM - BASED HRM SYSTEMS AND EMPOWERING LEADERSHIP TO SUPPORT KNOWLEDGE ACQUISITION AND SHARING [J]. Academy of Management Annual Meeting Proceedings, 2015, 8 (1): 1 - 6.

[71] Nijstad B A, De Dreu C K W. Motivated information processing in organizational teams: Progress, puzzles, and prospects [J]. Research in Organizational Behavior, 2012, 32: 87 - 111.

[72] De Dreu C K W, Nijstad B A, van Knippenberg D. Motivated Information Processing in Group Judgment and Decision Making [J]. Personality and Social Psychology Review, 2008, 12 (1): 22 - 49.

[73] Preacher K J, Rucker D D, Hayes A F. Addressing Moderated Mediation Hypotheses: Theory, Methods, and Prescriptions [J]. Multivariate Behavior Research, 2007, 42 (1): 185 - 227.

[74] 温忠麟, 张雷, 侯杰泰. 有中介的调节变量和有调节的中介变量 [J]. 心理学报, 2006, 38 (3): 448 - 452.

[75] Ilgen D R, Hollenbeck J R, Johnson M et al. Teams in Organizations: From Input – Process – Output Models to IMOI Models [J]. Annual Review of Psychology, 2005, 56 (1): 517 – 543.

[76] O'Leary M B, Mortensen M. Go (Con) figure: Subgroups, Imbalance, and Isolates in Geographically Dispersed Teams [J]. 2010, 21 (1): 115 – 131.

[77] Gibson C B, Gibbs J L. Unpacking the Concept of Virtuality: The Effects of Geographic Dispersion, Electronic Dependence, Dynamic Structure, and National Diversity on Team Innovation [J]. Administrative Science Quarterly, 2006, 51 (3): 451 – 495.

[78] Bezrukova K, Thatcher S M B, Jehn K A. Group Heterogenity And Faultlines: Comparing Alignment Aand Dispersion Theories Of Group Composition [J]. 2007.

[79] Hutzschenreuter T, Horstkotte J. Performance effects of top management team demographic faultlines in the process of product diversification [J]. 2013, 34 (6): 704 – 726.

[80] Cronin M A, Bezrukova K, Weingart L R et al. Subgroups within a team: The role of cognitive and affective integration [J]. Journal of Organizational Behavior, 2011, 32 (6): 831 – 849.

[81] Thatcher S M B, Jehn K A, Zanutto E. Cracks in Diversity Research: The Effects of Diversity Faultlines on Conflict and Performance [J]. Group Decision & Negotiation, 2003, 12 (3): 217 – 241.

[82] Shaw J B. The Development and Analysis of a Measure of Group Faultlines. [J]. Organizational Research Methods, 2004, 7 (1): 66 – 100.

[83] Trezzini B. Probing the Group Faultline Concept: An Evaluation of Measures of Patterned Multi – dimensional Group Diversity [J]. Quality & Quantity,

2008, 42 (3): 339-368.

[84] Lawrence B S, Zyphur M J. Identifying Organizational Faultlines With Latent Class Cluster Analysis [J]. Organizational Research Methods, 2010, 14 (1): 32-57.

[85] Meyer B, Glenz A. Team Faultline Measures: A Computational Comparison and a New Approach to Multiple Subgroups [J]. Organizational Research Methods, 2013, 16 (3): 393-424.

[86] Farh J L, Lee C, Farh C I C. Task conflict and team creativity: A question of how much and when [J]. Journal of Applied Psychology, 2010, 95 (6): 1173.

[87] Tadmor C T, Satterstrom P, Jang S et al. Beyond individual creativity: The superadditive benefits of multicultural experience for collective creativity in culturally diverse teams [J]. Journal of Cross-Cultural Psychology, 2012, 43 (3): 384-392.

[88] Kurtzberg T R, Amabile T M. From Guilford to Creative Synergy: Opening the Black Box of Team-Level Creativity [J]. Creativity Research Journal, 2001, 13 (3-4): 285-294.

[89] Kurtzberg T R. Feeling Creative, Being Creative: An Empirical Study of Diversity and Creativity in Teams [J]. Creativity Research Journal, 2005, 17 (1): 51-65.

[90] Somech A, Drach-Zahavy A. Translating Team Creativity to Innovation Implementation: The Role of Team Composition and Climate for Innovation [J]. Journal of Management, 2013, 39 (3): 684-708.

[91] 张燕, 章振. 性别多样性对团队绩效和创造力影响的研究 [J]. 科研管理, 2012, 33 (3): 81-88.

[92] 汤超颖, 艾树, 龚增良. 积极情绪的社会功能及其对团队创造力的影响: 隐性知识共享的中介作用 [J]. 南开管理评论, 2011, 14 (4): 129-137.

[93] Tsai W, Chi N, Grandey A Aet al. Positive group affective tone and team creativity: Negative group affective tone and team trust as boundary conditions [J]. Journal of Organizational Behavior, 2012, 33 (5): 638–656.

[94] Shalley C E, Gilson L L. What leaders need to know: A review of social and contextual factors that can foster or hinder creativity [J]. Leadership Quarterly, 2004, 15 (1): 33–53.

[95] Gong Y, Kim T Y, Lee D Ret al. A multilevel model of team goal orientation, information exchange, and creativity. [J]. Academy of Management Journal, 2013, 56 (3): 827–851.

[96] 高鹏, 张凌, 汤超颖, 等. 信任与建设性争辩对科研团队创造力影响的实证研究 [J]. 中国管理科学, 2008 (s1): 561–565.

[97] 王端旭, 薛会娟. 交互记忆系统与团队创造力关系的实证研究 [J]. 科研管理, 2011, 32 (1): 122–128.

[98] Gino F, Argote L, Miron-Spektor Eet al. First, get your feet wet: The effects of learning from direct and indirect experience on team creativity [J]. Organizational Behavior & Human Decision Processes, 2010, 111 (2): 102–115.

[99] 汤超颖, 朱月利, 商继美. 变革型领导、团队文化与科研团队创造力的关系 [J]. 科学学研究, 2011, 29 (2): 275–282.

[100] 汤超颖, 邹会菊. 基于人际交流的知识网络对研发团队创造力的影响 [J]. 管理评论, 2012, 24 (4): 94–100.

[101] 王艳子, 罗瑾琏, 王莉, 等. 社会网络对团队创造力的影响机理研究 [J]. 预测, 2012, 31 (4): 22–27.

[102] Hülsheger U R, Anderson N, Salgado J F. Team-level predictors of innovation at work: a comprehensive meta-analysis spanning three decades of research [J]. Journal of Applied Psychology, 2009, 94 (5): 1128–1145.

［103］Verona G. A Resource – Based View of Product Development［J］. 1999, 24（1）: 132 – 142.

［104］Michiel De Boer F A J V. Managing organizational knowledge integration in the emerging multimedia complex［J］. Journal of Management Studies, 1999, 3（36）: 379 – 398.

［105］Weigelt C. The Impact of Outsourcing New Technologies on Integrative Capabilities and Performance［J］. Strategic Management Journal, 2009, 30（6）: 595 – 616.

［106］Grant R M. Prospering in dinamically – competitive environments: organizational capability as knowledge integration［J］. Organization Science, 1996, 7（4）: 133 – 153.

［107］Haas M R. Knowledge Gathering, Team Capabilities, and Project Performance in Challenging Work Environments［J］. 2006, 52（8）: 1170 – 1184.

［108］Basaglia S, Caporarello L, Magni M et al. IT knowledge integration capability and team performance: The role of team climate［J］. International Journal of Information Management, 2010, 30（6）: 542 – 551.

［109］Chuang C H, Jackson S E, Jiang Y. Can knowledge – intensive teamwork be managed? Examining the roles of HRM systems, leadership, and tacit knowledge［J］. Journal of Management, 2016, 42（2）: 524 – 554.

［110］潘文安. 关系强度、知识整合能力与供应链知识效率转移研究［J］. 科研管理, 2012, 33（1）: 147 – 153.

［111］赵旭, 刘新梅. 社会型知识治理促进组织创造力的机理研究［J］. 科学学与科学技术管理, 2015（6）: 94 – 103.

［112］Zellmer – Bruhn M E. Interruptive Events and Team Knowledge Acquisition［J］. Management Science, 2003, 49（4）: 514 – 528.

[113] Hansen M T. Knowledge Networks: Explaining Effective Knowledge Sharing in Multiunit Companies [J]. Organization Science, 2002, 13 (3): 232-248.

[114] Hansen M T, Mors M L, Løvås B. Knowledge Sharing in Organizations: Multiple Networks, Multiple Phases [J]. Academy of Management Journal, 2005, 48 (5): 776-793.

[115] Ancona D G, Caldwell D F. Demography and Design: Predictors of New Product Team Performance [J]. 1992: 321-341.

[116] Somech A, Khalaili A. Team Boundary Activity [J]. Group & Organization Management, 2014, 39 (3): 274-299.

[117] Okhuysen G A, Eisenhardt K M. Integrating Knowledge in Groups: How Formal Interventions Enable Flexibility [J]. 2002, 13 (4): 370-386.

[118] Alavi M, Tiwana A. Knowledge integration in virtual teams: The potential role of KMS [J]. 2002, 53 (12): 1029-1037.

[119] Newell S, Tansley C, Huang J. Social Capital and Knowledge Integration in an ERP Project Team: The Importance of Bridging AND Bonding [J]. British Journal of Management, 2004, 15 (S1): S43-S57.

[120] Mehta A, Mehta N. Knowledge Integration and Team Effectiveness: A Team Goal Orientation Approach [J]. Decision Sciences, 2017 (12).

[121] Choi J N. External Activities and Team Effectiveness: Review and Theoretical Development [J]. Small Group Reasearch, 2002, 33 (2): 181-208.

[122] 耿紫珍, 刘新梅, 沈力. 合作目标促进科研团队创造力的机理研究 [J]. 科研管理, 2012, 33 (8): 113-119.

[123] Hofmann D A, Jones L M. Leadership, Collective Personality, and Performance [J]. Journal of Applied psychology, 2005, 90 (3): 509-522.

[124] Ten V F, Beersma B, De Dreu C K. It takes one to tango: the effects of

dyads' epistemic motivation composition in negotiation [J]. Pers Soc Psychol Bull, 2010, 36 (11): 1454 – 1466.

[125] Dreu C K W D. Time pressure and closing of the mind in negotiation [J]. Organizational Behavior & Human Decision Processes, 2003, 91 (2): 280 – 295.

[126] Scholten L, van Knippenberg D, Nijstad B A et al. Motivated information processing and group decision – making: Effects of process accountability on information processing and decision quality [J]. Journal of Experimental Social Psychology, 2007, 43 (4): 539 – 552.

[127] De Dreu C K W. Cooperative Outcome Interdependence, Task Reflexivity, and Team Effectiveness: A Motivated Information Processing Perspective [J]. Journal of Applied Psychology, 2007, 92 (3): 628 – 638.

[128] De Dreu C K W, West M A. Minority dissent and team innovation: The importance of participation in decision making. [J]. Journal of Applied Psychology, 2001, 86 (6): 1191 – 1201.

[129] Dreu C K W D, Beersma B. Team confidence, motivated information processing, and dynamic group decision making [J]. European Journal of Social Psychology, 2010, 40 (7): 1110 – 1119.

[130] Schalk J V D, Beersma B, Kleef G A V et al. The more (complex), the better? The influence of epistemic motivation on integrative bargaining in complex negotiation [J]. European Journal of Social Psychology, 2010, 40 (2): 355 – 365.

[131] Bechtoldt M N, De Dreu C K W, Nijstad B A et al. Motivated information processing, social tuning, and group creativity [J]. Journal of Personality and Social Psychology, 2010, 99 (4): 622 – 637.

[132] De Dreu C K W, Beersma B, Stroebe K et al. Motivated information processing, strategic choice, and the quality of negotiated agreement [J]. Journal of Per-

sonality & Social Psychology, 2006, 90 (6): 927 - 943.

[133] Grant A M, Berry J W, Gino F et al. The Necessity of Others is the Mother of Invention: Intrinsic and Prosocial Motivations, Perspective Taking, and Creativity [J]. Academy of Management Journal, 2011, 53 (206): 375 - 383.

[134] Kleef G A V, Homan A C, Beersma B et al. Searing sentiment or cold calculation? The effects of leader emotional displays on team performance depend on follower epistemic motivation [J]. Academy of Management Journal, 2009, 41 (1): 73 - 94.

[135] Kearney E, Gebert D, Voelpel S C. When and how diversity benefits teams: The importance of team members' need for cognition [J]. Academy of Management Journal, 2009, 52 (3): 581 - 598.

[136] Sparkman D J, Blanchar J C. Examining relationships among epistemic motivation, perspective taking, and prejudice: A test of two explanatory models [J]. Personality & Individual Differences, 2017, 114 (114): 48 - 56.

[137] Bezrukova K, Thatcher S M B, Jehn K A et al. The effects of alignments: Examining group faultlines, organizational cultures, and performance [J]. Journal of Applied Psychology, 2012, 97 (1): 77 - 92.

[138] Knippenberg D V, Dawson J F, West M A et al. Diversity faultlines, shared objectives, and top management team performance [J]. Human Relations, 2011, 64 (3): 307 - 336.

[139] 陈伟, 杨早立, 朗益夫. 团队断裂带对团队效能影响的实证研究——关系型领导行为的调节与交互记忆系统的中介 [J]. 管理评论, 2015, 27 (4): 99 - 110.

[140] Rupert J, Blomme R J, Dragt M J et al. Being Different, But Close: How and When Faultlines Enhance Team Learning [J]. European Management Review,

2016, 13 (4): 275-290.

[141] 卫旭华, 刘咏梅, 岳柳青. 高管团队权力不平等对企业创新强度的影响——有调节的中介效应 [J]. 南开管理评论, 2015, 18 (3): 24-33.

[142] Bezrukova K, Spell C S, Caldwell D et al. A multilevel perspective on faultlines: Differentiating the effects between group - and organizational - level faultlines [J]. Journal of Applied Psychology, 2016, 101 (1): 86-107.

[143] Homan A C, van Knippenberg D, Van Kleef G A et al. Bridging faultlines by valuing diversity: diversity beliefs, information elaboration, and performance in diverse work groups [J]. J Appl Psychol, 2007, 92 (5): 1189-1199.

[144] Huang X, Hsieh J J, He W. Expertise dissimilarity and creativity: the contingent roles of tacit and explicit knowledge sharing [J]. J Appl Psychol, 2014, 99 (5): 816-830.

[145] Nonaka I, von Krogh G. Perspective—Tacit Knowledge and Knowledge Conversion: Controversy and Advancement in Organizational Knowledge Creation Theory [J]. Organization Science, 2009, 20 (3): 635-652.

[146] Sawyer J E, Houlette M A, Yeagley E L. Decision performance and diversity structure: Comparing faultlines in convergent, crosscut, and racially homogeneous groups [J]. Organizational Behavior & Human Decision Processes, 2006, 99 (1): 1-15.

[147] 谢小云, 张政晓, 王唯梁. 团队背景下的子群体关系研究进展评析 [J]. 外国经济与管理, 2012 (10): 22-29.

[148] Tushman M L, Nadler D A. Information Processing as an Integrating Concept in Organizational Design [J]. 1978, 3 (3): 613-624.

[149] Shiflett S. Toward a general model of small group productivity [J]. Psychological Bulletin, 1979, 86 (86): 67-79.

[150] Tushman M L. Managing Communication Networks in R&D Laboratories [J]. IEEE Engineering Management Review, 1981, 9 (4): 65 – 77.

[151] Gold A H, Malhotra A, Segars A H. Knowledge Management: An Organizational Capabilities Perspective [M]. M. E. Sharpe, Inc., 2001.

[152] Ancona D G. Outward Bound: Strategies for Team Survival in an Organization [J]. Academy of Management Journal, 1990, 33 (2): 334 – 365.

[153] Ancona D G C D. Demography and design: Predictors of new product team performance [J]. Organization Science, 1992, 3 (32): 321 – 341.

[154] Drachzahavy A, Somech A. Understanding team innovation: The role of team processes and structures [J]. Group Dynamics Theory Research & Practice, 2001, 5 (2): 111 – 123.

[155] Ren H, Gray B, Harrison D A. Triggering Faultline Effects in Teams: The Importance of Bridging Friendship Ties and Breaching Animosity Ties [J]. Organization Science, 2015, 26 (2): 390 – 404.

[156] Eagly S C A L. Heuristic and systematic information processing within and beyond the persuasion context. [M] //S. J J A B. Unintended thought. New York: Gulford Press, 1989: 212 – 252.

[157] Brodbeck F C, Kerschreiter R, Mojzisch A et al. Group decision making under conditions of distributed knowledge: The information asymmetries model [J]. Academy of Management Review, 2007, 32 (2): 459 – 479.

[158] Beersma B, De Dreu C K W. Conflict's consequences: Effects of social motives on postnegotiation creative and convergent group functioning and performance [J]. Journal of Personality & Social Psychology, 2005, 89 (3): 358.

[159] Aaldering H, Greer L L, Kleef G A Vet al. Interest (mis) alignments in representative negotiations: Do pro – social agents fuel or reduce inter – group conflict?

［J］. Organizational Behavior & Human Decision Processes, 2013, 120 (2): 240 – 250.

［160］Dreu C K W D, Nijstad B A. Group creativity and innovation: a motivated information processing perspective［J］. Annalen Der Physik, 2011, 525 (5): 81 – 89.

［161］Gladstein D L. Groups in context: A model of task group effectiveness.［J］. Administrative Science Quarterly, 1984, 29 (4): 499 – 517.

［162］Marks M A, Mathieu J E, Zaccaro S J. A Temporally Based Framework and Taxonomy of Team Processes［J］. 2001, 26 (3): 356 – 376.

［163］韩立丰, 王重鸣. 自我验证与人际一致性: 团队多样性利用的新视角［J］. 心理科学进展, 2011, 19 (01): 73 – 84.

［164］Gibson C, Vermeulen F. A Healthy Divide: Subgroups as a Stimulus for Team Learning Behavior［J］. Administrative Science Quarterly, 2003, 48 (2): 202 – 239.

［165］Phillips K W, Mannix E A, Neale M A et al. Diverse groups and information sharing: The effects of congruent ties［J］. Journal of Experimental Social Psychology, 2004, 40 (4): 497 – 510.

［166］Carton A M, Cummings J N. The impact of subgroup type and subgroup configurational properties on work team performance［J］. Journal of Applied Psychology, 2013, 98 (5): 732 – 758.

［167］Reagans R, Zuckerman E, Mcevily B. How to Make the Team: Social Networks vs. Demography as Criteria for Designing Effective Teams［J］. Administrative Science Quarterly, 2004, 49 (1): 101 – 133.

［168］Smith E B, Hou Y. Redundant Heterogeneity and Group Performance［J］. Organization Science, 2015, 26 (1): 37 – 51.

[169] Cronin M A, Weingart L R. Representational Gaps, Information Processing, and Conflict in Functionally Diverse Teams [J]. Academy of Management Review, 2007, 32 (3): 761-773.

[170] Hogg M A, Terry D J. Social identity and self-categorization processes in organizational contexts [J]. Academy of Management Review, 2000, 25 (1): 121-140.

[171] Mäs M, Flache A, Takács K et al. In the Short Term We Divide, in the Long Term We Unite: Demographic Crisscrossing and the Effects of Faultlines on Subgroup Polarization [J]. Organization Science, 2013, 24 (3): 716-736.

[172] Cacioppo J T, Petty R E, Feinstein J A et al. Dispositional differences in cognitive motivation: The life and times of individuals varying in need for cognition [J]. Psychological Bulletin, 1996, 119 (119): 197-253.

[173] Petty R E B O. The Need for Cognition [M] //Hoyle M R L R. Handbook of individual differences in social behavior. New York: Guilford Press, 2009: 318-329.

[174] De Dreu C K W, Nauta A. Self-interest and other-orientation in organizational behavior: Implications for job performance, prosocial behavior, and personal initiative [J]. Journal of Applied Psychology, 2009, 94 (4): 913-926.

[175] Grant A M. Does intrinsic motivation fuel the prosocial fire? Motivational synergy in predicting persistence, performance, and productivity [J]. Journal of applied psychology, 2008, 93 (1): 48-58.

[176] Hornsey M J, Hogg M A. Assimilation and Diversity: An Integrative Model of Subgroup Relations [J]. Personality and Social Psychology Review, 2000, 4 (2): 143-156.

[177] Grant A M, Patil S V. Challenging the Norm of Self-Interest: Minority Influence and Transitions to Helping Norms in Work Units [J]. Academy of Management Review, 2012, 37 (4): 547-568.

[178] Zhou K Z, Li C B. How knowledge affects radical innovation: Knowledge base, market knowledge acquisition, and internal knowledge sharing [J]. Strategic Management Journal, 2012, 33 (9): 1090 – 1102.

[179] Edmondson A. A safe harbor: Social psychological factors enabling boundary spanning in work teams. [M] //Wageman R. Research on managing groups and teams. New York: Emerald, 1999: 179 – 199.

[180] De Dreu C K. Rational self – interest and other orientation in organizational behavior: a critical appraisal and extension of Meglino and Korsgaard (2004) [J]. Journal of Applied Psychology, 2006, 91 (6): 1245 – 1252.

[181] Homan A C, Buengeler C, Eckhoff R A et al. The interplay of diversity training and diversity beliefs on team creativity in nationality diverse teams [J]. J Appl Psychol, 2015, 100 (5): 1456 – 1467.

[182] Benoliel P, Somech A. The Role of Leader Boundary Activities in Enhancing Interdisciplinary Team Effectiveness [J]. Small Group Research, 2014, 46 (1): 83 – 124.

[183] Marrone J A. Team Boundary Spanning: A Multilevel Review of Past Research and Proposals for the Future [J]. Journal of Management, 2010, 36 (4): 911 – 940.

[184] Wong S. Distal and Local Group Learning: Performance Trade – offs and Tensions [J]. 2004, 15 (6): 645 – 656.

[185] Reagans R, Zuckerman E W. Networks, Diversity, and Productivity: The Social Capital of Corporate R&D Teams [J]. Organization Science, 2001, 12 (4): 502 – 517.

[186] Levin D Z, Cross R. The Strength of Weak Ties You Can Trust: The Mediating Role of Trust in Effective Knowledge Transfer [J]. Management Science, 2004,

50 (11): 1477-1490.

[187] Argote L, Ingram P. Knowledge Transfer: A Basis for Competitive Advantage in Firms [J]. Organizational Behavior and Human Decision Processes, 2000, 82 (1): 150-169.

[188] Hansen M T. The Search-Transfer Problem: The Role of Weak Ties in Sharing Knowledge across Organization Subunits [J]. Administrative Science Quarterly, 1999, 44 (1): 82-111.

[189] Gratton L. Managing integration through cooperation [J]. Human Resource Management, 2005, 44 (2): 151-158.

[190] Tiwana A, Mclean E R. Expertise Integration and Creativity in Information Systems Development [J]. Journal of Management Information Systems, 2005, 22 (1): 13-43.

[191] Tushman M L. Special Boundary Roles in the Innovation Process [J]. Administrative Science Quarterly, 1977, 22 (4): 587-605.

[192] 孙锐, 李海刚. 基于知识创新的知识团队研究 [J]. 科研管理, 2006, 27 (6): 92-96.

[193] Allen N J, Stanley D J, Williams H M et al. Assessing the Impact of Nonresponse on Work Group Diversity Effects [J]. Organizational Research Methods, 2007, 10 (2): 262-286.

[194] 吴明隆. 问卷统计分析实务 [M]. 重庆: 重庆大学出版社, 2010.

[195] Armstrong J S, Overton T S. Estimating Nonresponse Bias in Mail Surveys [J]. Journal of Marketing Research, 1977, 14 (3): 396-402.

[196] Lambert DM H T. Measuring non-response bias in customer service mail surveys [J]. Journal of Business Logistics, 1990, 11 (2): 5-25.

[197] Meyer B, Shemla M, Li J et al. On the Same Side of the Faultline: Inclu-

sion in the Leader's Subgroup and Employee Performance [J]. Journal of Management Studies, 2015, 52 (3): 354 – 380.

[198] Gilson L L, Lim H S, Luciano M M et al. Unpacking the cross - level effects of tenure diversity, explicit knowledge, and knowledge sharing on individual creativity [J]. Journal of Occupational & Organizational Psychology, 2013, 86 (2): 203 – 222.

[199] Joshi A, Liao H, Roh H. Bridging Domains in Workplace Demography Research: A Review and Reconceptualization [Z]. Los Angeles, CA: SAGE Publications, 2011: 37, 521 – 552.

[200] Bunderson J S, Sutcliffe K M. Management team learning orientation and business unit performance [J]. Journal of Applied Psychology, 2003, 88 (3): 552 – 560.

[201] Chan D. Functional relations among constructs in the same content domain at different levels of analysis: A typology of composition models [J]. Journal of Applied Psychology, 1998, 83 (2): 234 – 246.

[202] Bresman H. External Learning Activities and Team Performance: A Multimethod Field Study [J]. Organization Science, 2010, 21 (1): 81 – 96.

[203] Blau P M. Inequality and heterogeneity [M]. New York: Free Press, 1977.

[204] Pelled L H, Eisenhardt K M, Xin K R. Exploring the black box: An analysis of work group diversity, conflict, and performance [J]. Administrative Science Quarterly, 1999, 44 (1): 1 – 28.

[205] Dawson J F, Richter A W. Probing three – way interactions in moderated multiple regression: development and application of a slope difference test [J]. Journal of Applied Psychology, 2006, 91 (4): 917 – 926.

[206] 方杰, 张敏强, 邱皓政. 中介效应的检验方法和效果量测量: 回顾与展望 [J]. 心理发展与教育, 2012, 28 (1): 105 – 111.

[207] Mackinnon D P, Lockwood C M, Hoffman J M et al. A comparison of methods to test mediation and other intervening variable effects [J]. Psychol Methods, 2002, 7 (1): 83 – 104.

[208] Preacher K J, Hayes A F. Asymptotic and resampling strategies for assessing and comparing indirect effects in multiple mediator models [J]. Behavior Research Methods, 2008, 40 (3): 879 – 891.

[209] Baron RM K D. The moderator – mediator variable distinction in social psychological research: Conceptual, strategic, and statistical considerations [J]. Journal of personality and social psychology, 1986, 51 (6): 1173.

[210] Shrout P E, Bolger N. Mediation in experimental and nonexperimental studies: new procedures and recommendations [J]. Psychological Methods, 2002, 7 (4): 422.

[211] Fairchild A J, Mcquillin S D. Evaluating mediation and moderation effects in school psychology: a presentation of methods and review of current practice [J]. Journal of School Psychology, 2010, 48 (1): 53 – 84.

[212] Hayes A F. Beyond Baron and Kenny: Statistical Mediation Analysis in the New Millennium [J]. Communication Monographs, 2009, 76 (4): 408 – 420.

[213] Hayes A F, Preacher K J. Quantifying and Testing Indirect Effects in Simple Mediation Models When the Constituent Paths Are Nonlinear [J]. Multivariate Behavioral Research, 2010, 45 (4): 627 – 660.

[214] Cheung G W, Lau R S. Testing mediation and suppression effects of latent variables: Bootstrapping with structural equation models [J]. Organizational Research Methods, 2007, 11 (2): 296 – 325.

[215] Dominique Muller C M J V. When Moderation Is Mediated and Mediation Is Moderated [J]. Journal of Personality and Social Psychology, 2005, 89 (6): 852–863.

[216] 吴明隆. 结构方程模型：AMOS 的操作与应用. 第2版 [M]. 重庆大学出版社, 2010.

[217] Haynes S N, Richard D C S, Kubany E S. Content validity in psychological assessment: Afunctional approach to concepts and methods. Psychological Assessment, 7, 238–247 [J]. Psychological Assessment, 1995, 7 (3): 238–247.

[218] Straub D W. Validating instruments in MIS research [J]. Mis Quarterly, 1989, 13 (2): 147–169.

[219] 王重鸣. 心理学研究方法 [M]. 人民教育出版社, 2001.

[220] Campbell D T, Fiske D W. Convergent and discriminant validation by the multitrait–multimethod matrix. [J]. Psychological Bulletin, 1959, 56 (2): 81–105.

[221] Hulland J. Use of partial least squares (PLS) in strategic management research: a review of four recent studies [J]. Strategic Management Journal, 2015, 20 (2): 195–204.

[222] 罗胜强. 管理学问卷调查研究方法 [M]. 重庆大学出版社, 2014.

[223] Bliese P D. Within–group agreement, non–independence, and reliability: Implications for data aggregation and analysis [J]. 2000: 349–381.

[224] James L R, Demaree R G, Wolf G. Rwg: An Assessment of Within–Group Inter–Rater Agreement [J]. Journal of Applied Psychology, 1993, 78 (2): 306–309.

[225] James L R. Aggregation bias in estimates of perceptual agreement [J]. Journal of Applied Psychology, 1982, 67 (2): 219–229.

[226] Hurley R F H G T M. Innovation, marketing orientation, and organization-

al learning: An integration and empricial examination [J]. The Journal of Marketing, 1998: 42-54.

[227] Liang R D, Chang C S, Wang T S. The effect of service responsiveness and social emotions on service outcomes: An empirical investigation of service firms [J]. Journal of Cardiovascular Electrophysiology, 2011, 23 (2): 200-206.

[228] Avolio B J, Zhu W, Koh W et al. Transformational leadership and organizational commitment: Mediating role of psychological empowerment and moderating role of structural distance [J]. Journal of Organizational Behavior, 2004, 25 (8): 951-968.

[229] Derue D S, Ross S M, Barnes C M et al. Understanding the Motivational Contingencies of Team Leadership [J]. Small Group Research, 2010, 41 (5): 621-651.

[230] Liu X, Batt R. HOW SUPERVISORS INFLUENCE PERFORMANCE: A MULTILEVEL STUDY OF COACHING AND GROUP MANAGEMENT IN TECHNOLOGY-MEDIATED SERVICES [J]. Personnel Psychology, 2010, 63 (2): 265-298.

[231] Klein K J, Kozlowski S W J. From Micro to Meso: Critical Steps in Conceptualizing and Conducting Multilevel Research [J]. Organizational Research Methods, 2000, 3 (3): 211-236.

[232] Aiken L S W S. Multiple regression: Testing and interpreting interactions [M]. Sage, 1991.

[233] Hayes A F. Introduction to mediation, moderation, and conditional process analysis: A regression-based approach [J]. Journal of Educational Measurement, 2013, 51 (3): 335-337.

[234] Preacher K J, Hayes A F. SPSS and SAS procedures for estimating indirect effects in simple mediation models [J]. Behavior Research Methods Instruments & Computers, 2004, 36 (4): 717-731.

[235] Morganlopez A A, Mackinnon D P. Demonstration and evaluation of a

method for assessing mediated moderation [J]. Behavior Research Methods, 2006, 38 (1): 77-87.

[236] 潘清泉,唐刘钊,韦慧民. 高管团队断裂带、创新能力与国际化战略——基于上市公司数据的实证研究 [J]. 科学学与科学技术管理, 2015, 36 (10): 111-122.

[237] Keller R T. Cross-functional project groups in research and new product development: Diversity, communications, job stress, and outcomes [J]. Academy of Management Journal, 2001, 44 (3): 547-555.

[238] Nijstad B A, Kaps S C. Taking the easy way out: Preference diversity, decision strategies, and decision refusal in groups [J]. Journal of Personality and Social Psychology, 2008, 94 (5): 860-870.

[239] Chung Y, Jackson S E. The Internal and External Networks of Knowledge-Intensive Teams [J]. Journal of Management, 2011, 39 (2): 442-468.

[240] Park G, Spitzmuller M, Deshon R P. Advancing Our Understanding of Team Motivation - Integrating Conceptual Approaches and Content Areas [J]. Journal of Management, 2013, 39 (5): 1339-1379.

[241] Grant A M. Does intrinsic motivation fuel the prosocial fire? Motivational synergy in predicting persistence, performance, and productivity [J]. Journal of Applied Psychology, 2008, 93 (1): 48-58.

[242] Boer M D, Bosch F A J V, Volberda H W. Managing Organizational Knowledge Integration in the Emerging Multimedia Complex [J]. Journal of Management Studies, 1999, 36 (3): 379-398.

[243] Grant A M. Leading with Meaning: Beneficiary Contact, Prosocial Impact, and the Performance Effects of Transformational Leadership [J]. Academy of Management Journal, 2012, 55 (2): 458-476.